Töne 2

Klassen 7 bis 10

Felix Janosa

Töne 2

Felix Janosa

unter Mitarbeit von
Alexandra Naumann
Richard Arndt
Berthold Basten
Jörg Kaufmann
Steffen Thormählen

und Beratung von
Astrid Friedrich
Robert Ketterer
Eva Krüger
Niels Reckziegel
Thomas F. Paha
Anke Stanze

Zusatzmaterialien zu Töne 2

Für Lehrerinnen und Lehrer:

Materialien für Lehrerinnen und Lehrer	978-3-507-03028-2
5 CDs	978-3-507-03030-5
1 DVD	978-3-507-03032-9

Für Schülerinnen und Schüler:

Zur Arbeit mit dem Computer stehen Soundfiles zum freien Download für die Aufgaben auf den Seiten 47, 104, 127 und 135 auf folgender Adresse zur Verfügung: www.westermann.de/artikel/ 978-3-507-03026-8/toene-schuelerband-2

westermann GRUPPE

© 2012 Bildungshaus Schulbuchverlage Westermann Schroedel Diesterweg Schöningh Winklers GmbH, Georg-Westermann-Allee 66, 38104 Braunschweig
www.westermann.de

Druck A^5 / Jahr 2022
Alle Drucke der Serie A sind im Unterricht parallel verwendbar.

Redaktion: Suzanne Richter, Karlsruhe
Grafik Design Studio und Umschlaggestaltung: Thomas Schröder
Herstellung: Sabine Schmidt, Hannover
Illustrationen: Konrad Eyferth, Berlin
Satz: prima nota, Korbach
Druck und Bindung: Westermann Druck GmbH, Georg-Westermann-Allee 66, 38104 Braunschweig

ISBN 978-3-507-03026-8

Inhalt

Inhalt

Musik und Handlung

Blues – Jazz – Pop

Inhalt

Töne!

gemeinsam
singen

improvisieren

moderieren

parodieren

tanzen

rappen

arrangieren

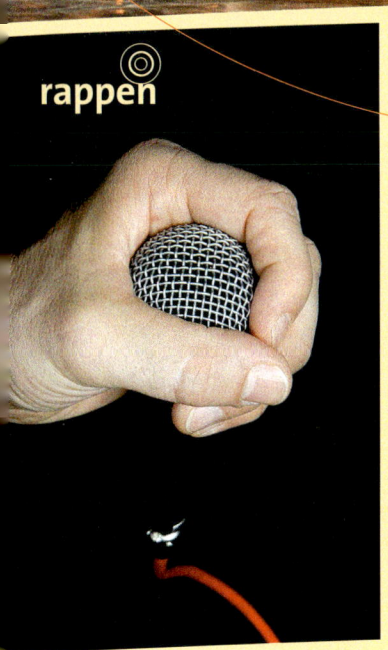

Let's start the Show!

Wer kann was?

1 Oft wissen weder eure Mitschülerinnen und Mitschüler noch eure Lehrerin oder euer Lehrer, was ihr könnt oder schon mal ausprobiert habt. Erzählt es ihnen!

Eine eigene Klassen-Show

2 Setzt euch frühzeitig einen Termin gegen Ende des Schuljahrs: An diesem Tag soll eine **Klassen-Show** steigen, bei der jeder zeigen kann, was er musikalisch drauf hat. Auf den folgenden Seiten bieten wir euch viele Anregungen für solch eine Show oder für einzelne Musikstunden, in denen ihr etwas Neues ausprobieren möchtet. Auch diejenigen, die sich noch nie getraut haben, vor anderen zu performen, finden hier im ersten Kapitel viele Anregungen. Am Ende (S. 40 f.) gibt es auch Tipps für die Organisation einer solchen Show.

Let's get started

Richard Filz

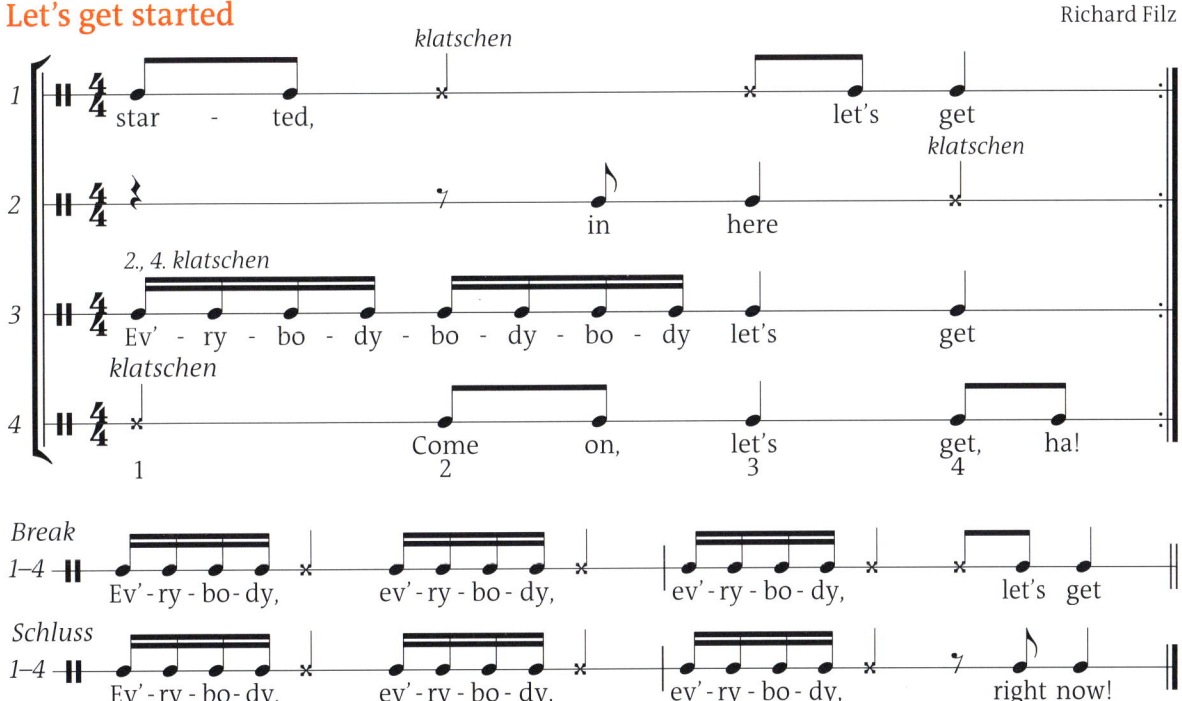

Percussion- und Rap-Spezialist
RICHARD FILZ

3 Dieses Warm-Up von RICHARD FILZ könnt ihr schon als Anfang eurer eigenen Klassenshow benutzen – oder einfach nur als »Aufwärmer« im Musikunterricht. Baut den Rhythmus mit vier Gruppen auf: erst 1. dann 2. usw. Sprecht vorher ab, wer die **Breaks** und den Schluss einzählt. → **CD I/1**

Ein **Break** ist ein kurzer Einschub am Ende eines Songteils – meist setzt die Rhythmusgruppe einen oder zwei Takte lang aus.

Gemeinsam singen

In der Gruppe stark sein

Singen in der Gruppe ist nicht so schwer wie das solistische Singen. Die eigene Stimme verschmilzt mit den anderen Stimmen zu einem Klang, der sehr beeindruckend sein kann. → MB Für das richtige Singen in der Gruppe gibt es jedoch ein paar bewährte Regeln:

A) Übt die Melodie erst langsam, bis jeder Ton klar ist.

B) Sprecht den Text deutlich aus.

C) Atmet gemeinsam an den gleichen Stellen! Ihr könnt Bleistiftstriche machen.

D) Haltet lange Töne gemeinsam gleich lang aus.

E) Beendet Worte mit Konsonanten (z. B. »t«) gleichzeitig!

F) Singt nicht zu leise und nicht zu laut!

G) Vermeidet Schlenker und Schleifen in den Tönen.

H) Hört auf die Begleitinstrumente. Stimmen Tempo und Tonhöhe noch?

I) Hört auf die Mitsänger.

1 Studiert »Singing all together« wie oben beschrieben Schritt für Schritt ein. Zu Beginn ist es kaum möglich, alle Tipps auf einmal zu beachten. Eure Lehrerin oder euer Lehrer wird euch immer wieder an einzelne Regeln erinnern – das Proben eines Liedes wird dadurch sogar abwechslungsreicher!

Singing all together → CD I|2

Musik und Text: Thord Gummesson (*1930)

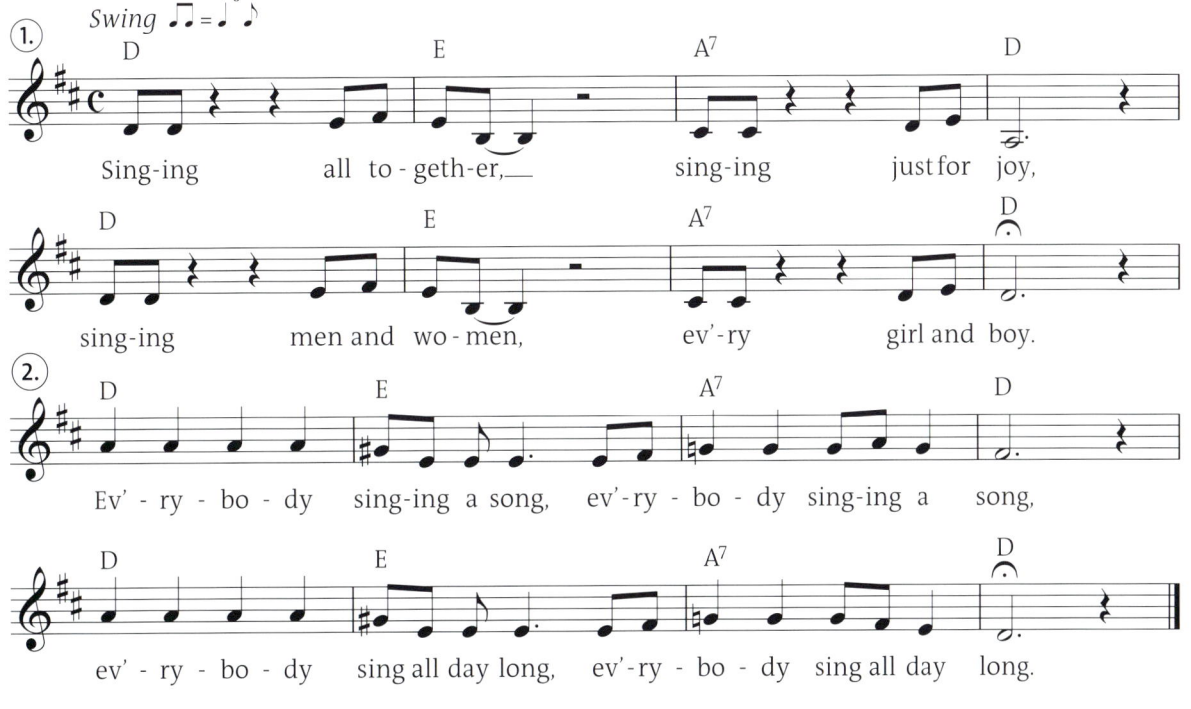

1. Sing-ing all to-geth-er,— sing-ing just for joy,
   sing-ing men and wo-men, ev'-ry girl and boy.

2. Ev'-ry-bo-dy sing-ing a song, ev'-ry-bo-dy sing-ing a song,
   ev'-ry-bo-dy sing all day long, ev'-ry-bo-dy sing all day long.

Begleitstimme ad lib.

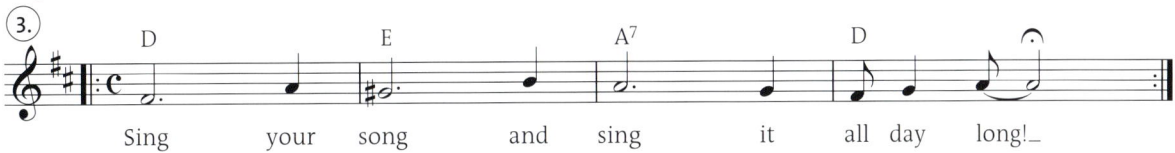

3. Sing your song and sing it all day long!_

2 Ein besonderer musikalischer Effekt ist das Singen von »Singing all together« als **Kanon**: Gruppe ①. beginnt. Gruppe ②. startet genau dann, wenn die erste Gruppe Ziffer ②. erreicht hat – so entsteht **Zweistimmigkeit**. Kommt noch die Begleitstimme ③. dazu, ist euer Lied **dreistimmig**.

3 Die Gitarren-Akkorde für »Singing all together« sind leicht zu lernen. Probiert es aus:

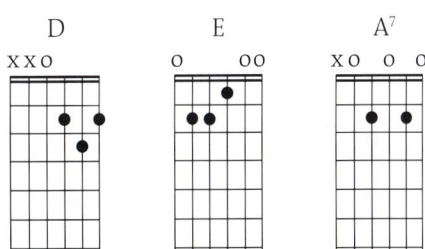

Solistisch singen

Ein Standard-Song

Alleine zu singen ist zwar schwieriger, doch ihr habt mehr musikalische Freiheit als im Chor. Ihr könnt die Melodie eurem Stil oder Geschmack anpassen.

1 »Sunny« ist ein »Evergreen« oder **Standard**, der seit seinem Erscheinen (1966) immer wieder neu aufgenommen wurde. Singt das Lied zum Playback. → CD I|3

Sunny → CD I|3–6

Melodie und Text: Bobby Hebb

1. Sun-ny, yes-ter-day my life was filled with rain.
2. Sun-ny, thank you for the sun-shine bou-quet.
3. Sun-ny, thank you for the truth you've let me see.
4. Sun-ny, thank you for that smile u-pon your face.

Sun-ny, you smiled at me and real-ly eased the pain.
Sun-ny, thank you for the love you've brought my way.
Sun-ny, thank you for the facts from A to Z.
Sun-ny, thank you for that gleam that flows with grace.

The dark days are gone, and the bright days are here,
You gave to me your all and all and
My life was torn like wind-blown sand, then
You're my spark of na-ture's fire,

my sun-ny one shines so sin-cere. Oh,
now I feel ten feet tall.
a rock was formed when we held hands.
you're my sweet com-plete de-sire.

1.–5. Sun-ny one so true, I love you.

Die Freiheit des Sängers

2 Hört euch die Originalfassung des Songs an und vergleicht sie mit den **Cover-Versionen** von CHER und STEVIE WONDER: Was machen die beiden Sänger anders als der Komponist des Titels?
Achtet z. B. auf
– den »Sound« der Stimme,
– die Aussprache,
– die Veränderungen der Melodie,
– Tempo und Instrumentation.
Welche Fassung gefällt euch am besten? Begründet eure Meinung.
→ CD I|4–6

3 Wer von euch traut sich eine Strophe solistisch zu singen? Wenn jeder eine Strophe übernimmt, ist es gar nicht so schwer.

4 Alle, die nicht singen, können die Sänger und das Playback mit lateinamerikanischen Percussion-Instrumenten begleiten (→ S. 74–75).

Bobby Hebb
(1938–2010)

Stevie Wonder
(*1950)

Cher (*1946)

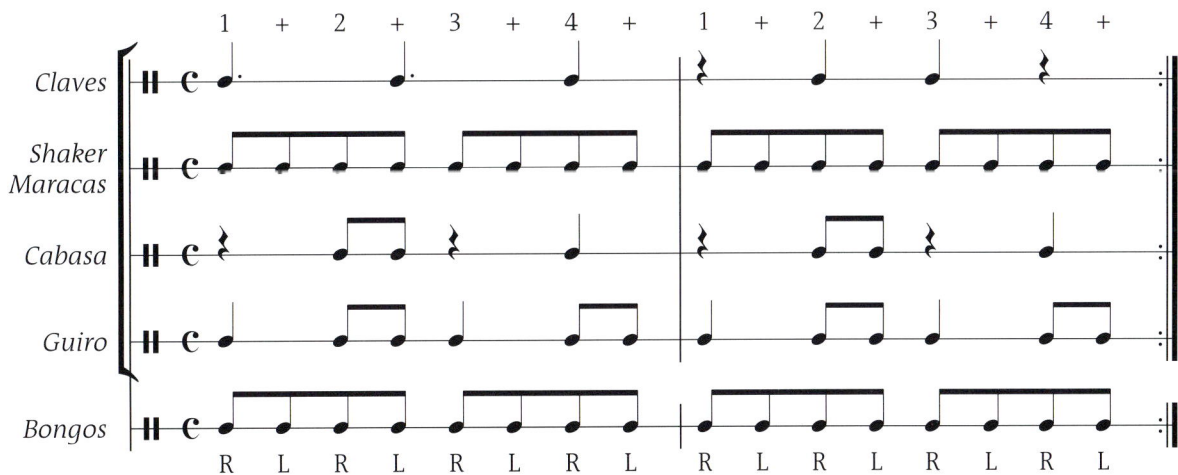

Einen Songtext lernen

Wie lernt man auswendig?

Manche Songs, besonders aber Rap-Stücke, haben so viel Text, dass das Ablesen von einem Zettel nicht viel bringt – man muss den Text des Songs auswendig können. Das ist keine Zauberei – jeder kann sich ganz viel Text merken, wenn er ein paar Tipps beachtet.

1 Hört euch, bevor ihr den Song selbst singt, das Original mehrere Male entspannt an. Achtet ausschließlich auf den Text.

2 Prägt euch zunächst den Ablauf ein: Refrain – 1. Strophe – Refrain usw. Singt den Refrain mit und lasst die Strophen weg.

Was ich anziehen soll → CD I|7–8

Musik und Text: Felix Janosa

Refrain

♩ = 120

D

Die Par-ty läuft,____ ich bin nicht ge-kämmt, steh noch im-mer hier

C

____ in mei-nem Un-ter-hemd. Hab die Schrän-ke of-

F⁶ ... G

-fen und die Schnau-ze voll, weiß nicht, was ich an-ziehn soll.

D ... Strophe

Was ich an-ziehn soll!

1. Viel - leicht o - ben kurz,
2. Hier die Haa - re hoch
3. Ja, die Par - ty ist

Strophen – Hineinversetzen in die Situation

3 Nehmt euch nicht zu viel Text vor. Am besten ist es, den Strophentext unter mehreren Sängern/Rappern aufzuteilen.

4 Gut ist es, wenn ihr die Textpassage, die ihr übernehmt, noch mal abschreibt und euch die Situation des Textes genau vorstellt. Auch kleine Zeichnungen können euch dabei helfen.

Refrain
Die Party läuft, ich bin nicht gekämmt,
steh noch immer hier in meinem Unterhemd.
Hab die Schränke offen und die Schnauze voll,
weiß nicht, was ich anziehn soll. *(2x)*
Was ich anziehn soll!

1. Strophe
Vielleicht oben kurz, dazu unten länger?
Vielleicht unten weit und dann oben enger?
Oder unten lang, und dann oben bauchfrei?
Oder oben lang, und dann unten auch frei?
Hier das kleine Schwarze oder's schwarze Kleine?
Nehm ich hier das Grobe oder dort das Feine?
Hab ich's mit dem Roten oder mit dem Blau'n?
Bin ich heute nett? Soll ich mich was traun?
Bin ich heute nett?
Soll ich mich was traun?

Refrain

2. Strophe
Hier die Haare hoch oder doch nach unten?
Nehm ich hier gestreift oder doch die bunten?

Nehm ich das Jackett oder doch die Weste?
Nehm ich das dazu? Ist das echt das Beste?
Geh ich oben knapp und dann unten weiter?
Oder unten zu und dann oben breiter?
Oder rückenfrei? Ist das diskutabel?
Zeig ich heute Bein? Zeig ich meinen Nabel?
Zeig ich heute Bein? Zeig ich meinen Nabel?

Refrain

3. Strophe
Ja, die Party ist schon in vollem Gange!
Brauch ich einen Gurt? Was ist mit der Spange?
Ja, wie sieht das aus mit der weißen Hose?
Nehm ich doch das Shirt mit der roten Rose?
Und wie sieht das aus, wenn ich darin schwitze?
Nehm ich diesen Hut oder doch die Mütze?
Wo ist denn das Kleid? Ach, es fiel nur runter!
Und wie trag ich das? Und was zieh ich drunter?
Und wie trag ich das?
Und was zieh ich drunter?

Refrain *(a cappella)*
Refrain *(mit Band)*

Ein spannendes Gedicht vortragen

Eine Ballade von der Nordsee

1 In einer **Ballade** wird ein dramatisches Ereignis erzählt. Die Ballade »Nis Randers« wurde 1901 vom deutschen Dichter OTTO ERNST (1862–1926) geschrieben, der an der Nordsee lebte. Lest das Gedicht und gebt den Inhalt mit eigenen Worten wieder.

William Turner: Snowstorm

Nis Randers

1. Krachen und Heulen und berstende Nacht,
   Dunkel und Flammen in rasender Jagd –
   Ein Schrei durch die Brandung!

2. Und brennt der Himmel, so sieht man's gut.
   Ein Wrack auf der Sandbank!
   Noch wiegt es die Flut;
   Gleich holt sich's der Abgrund.

3. Nis Randers lugt – und ohne Hast
   Spricht er: »Da hängt noch ein Mann im Mast;
   Wir müssen ihn holen.«

4. Da fasst ihn die Mutter:
   »Du steigst mir nicht ein!
   Dich will ich behalten, du bliebst mir allein,
   Ich will's, deine Mutter!

5. Dein Vater ging unter und Momme, mein Sohn;
   Drei Jahre verschollen ist Uwe schon,
   Mein Uwe, mein Uwe!«

6. Nis tritt auf die Brücke. Die Mutter ihm nach!
   Er weist nach dem Wrack und spricht gemach:
   »Und seine Mutter?«

7. Nun springt er ins Boot und mit ihm noch sechs:
   Hohes, hartes Friesengewächs;
   Schon sausen die Ruder.

8. Boot oben, Boot unten, ein Höllentanz!
   Nun muss es zerschmettern …!
   Nein, es blieb ganz! …
   Wie lange? Wie lange?

9. Mit feurigen Geißeln peitscht das Meer
   Die menschenfressenden Rosse daher;
   Sie schnauben und schäumen.

10. Wie hechelnde Hast sie zusammenzwingt!
    Eins auf den Nacken des anderen springt
    Mit stampfenden Hufen!

11. Drei Wetter zusammen! Nun brennt die Welt!
    Was da? – Ein Boot, das landwärts hält –
    Sie sind es! Sie kommen!

12. Und Auge und Ohr ins Dunkel gespannt
    Still – ruft da nicht einer? –
    Er schreit's durch die Hand:
    »Sagt Mutter, 's ist Uwe!«

Laut Lesen – ohne und mit Musik

2 Lest nun die Ballade laut und kräftig vor – ihr werdet schnell merken, dass die Worte fast von allein einen Rhythmus bilden. Er entsteht durch den regelmäßigen Wechsel von **betonten** und **unbetonten** Silben. In den ersten beiden Strophen haben wir die betonten Silben als Hilfe unterstrichen.
Atmet bewusst nach jeder Zeile, um neue »Power« für die nächste zu haben.

3 Dass man klassische Gedichte auch mit rockiger Musik vortragen oder singen kann, hat der deutsche Musiker ACHIM REICHEL vorgemacht. Hört euch an, wie er die Zeilen von »Nis Randers« rhythmisch verteilt. → CD I|9

4 ACHIM REICHELS rockiges Begleitmuster zu »Nis Randers« ist einfach: Er benutzt nur die Akkorde E-Moll und D-Dur. Sprecht oder singt das Gedicht zum Playback (→ CD I|10). Die Begleitung ist leicht zu spielen (→ DVD):

Profi-Tipps für Abwechslung und Spannung beim Vortrag:

– Überlegt, welche Sätze man eher leise und bedrohlich, welche man eher laut vorlesen sollte.
– Unterstreicht im Text auf dem Materialblatt besondere Wörter, die euch wichtig sind und die ihr hervorheben wollt. → MB
– Ändert eure Stimme bei wörtlicher Rede (Gänsefüßchen).
– Überlegt, wo ihr plötzliche Pausen einlegt, um die Spannung zu erhöhen. Zeichnet sie in den Text ein.

Nis Randers

Musik: Achim Reichel (* 1944)
Text: Otto Ernst (1862–1926)

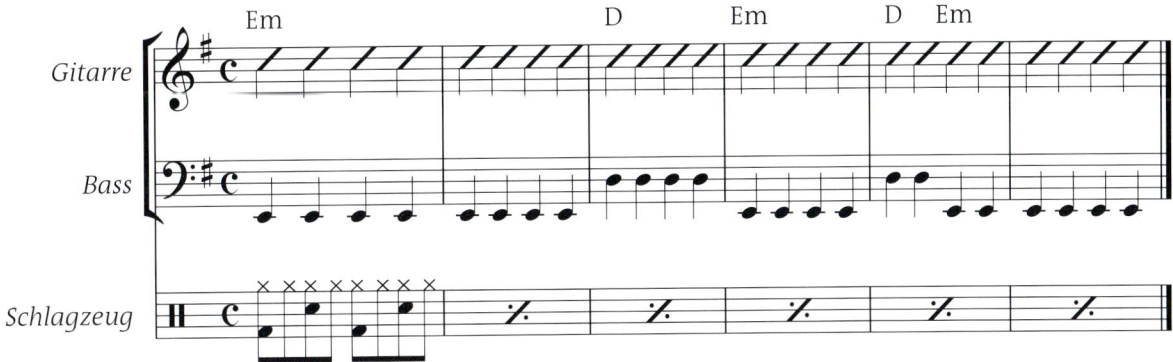

Ein Lied parodieren

Otto Waalkes parodiert Michael Holm

»Tränen lügen nicht« war ein Schlagerhit in den 1970er-Jahren.
Produzent und Sänger MICHAEL HOLM hatte einem italienischen
Schlager (»Soleado«) einen vollkommen neuen Text verpasst.

Otto

Anfang des Originaltextes:

Wenn du mir sagst: »alles ist vorbei«,
Wenn du nicht glaubst, sie ist dir nur treu,
Dreh' dich einmal um, schau in ihr Gesicht
Und du wirst seh'n – Tränen lügen nicht.

Der Komiker OTTO WAALKES machte eine **Parodie** auf den Song: Er tauschte einfach das Wort »Tränen« in »Dänen«. Dann erfand er Strophen, die zum neuen Titel »Dänen lügen nicht« passten.

1 Vergleicht den Schlager und seine Parodie. Wie macht sich OTTO WAALKES
über den gesprochenen Teil von MICHAEL HOLM lustig? → CD I|11–12

Dänen lügen nicht

Musik: Bembo Dario Baldan
Text: Michael Holm/Georg Bungter/Zacar

1. Du machst dich an____ ei-ne Dä-nin ran.
2. Ein Dä-ne sagt:____ »Ich krieg Geld_ von dir.«

Da kommt ihr Freund____ und droht dir Prü-gel an.____
Du lachst ihn aus,____ ⅞ fragst: »Wie-so von mir?«__

Schau im Kran-ken-haus_ im Spie-gel dein Ge-sicht,__
Doch sein Bal-ler-mann ⅞ ü-ber-zeugt dich schlicht,

und du__ siehst ein: Dä-nen lü - gen nicht.
und du__ siehst ein: Dä-nen lü - gen nicht.

Selbst eine Parodie schreiben

2 Überlegt, welchen Schlager oder Song ihr parodieren möchtet. Ein deutsches Lied oder ein deutscher Schlager eignet sich besonders gut, weil die Hörer die Parodie schneller verstehen als bei einem englischen Song.

3 Besorgt euch die Aufnahme des Originals und den Text als Ausdruck – die Texte der meisten Songs könnt ihr im Internet finden, wenn ihr den Namen des Songs und »lyrics« eingebt.

4 Entscheidend ist ein lustiger Titel, an dem ihr euren eigenen Text ausrichten könnt. Geht Zeile für Zeile am Originaltext entlang und überlegt, was ihr textlich verändern könnt, ohne die Wort- oder Silbenzahl zu ändern. → MB

DJ Ötzi

Semino Rossi

Andrea Berg

Ändert wie OTTO WAALKES einen Begriff im Titel. Macht z. B. aus »Die Gefühle haben Schweigepflicht« einfach »Diese Stühle haben Schweigepflicht«.

Witzig ist auch die Vertauschung von Silben: Aus »Wenn ein **Schiff** vorüber**fährt**« wird »Wenn ein **Pferd** vorüber**schifft**«

Bei einer Parodie kann auch der Refrain bleiben, wenn ihr die Strophe humorvoll ändert. So kann sich »**Die perfekte Welle**« z. B. nicht auf ein Surfbrett beziehen, sondern auf eine Dauerwelle beim Friseur.

Tipp: Auf vielen CD-Singles findet sich der Haupttitel auch in einer Playback- oder Karaoke-Version ohne Gesang. Solch ein instrumentaler Track ist ideal, um darüber eine Parodie zu singen.

Ein Klassen-Arrangement erstellen

Klassenmusizieren

Just like Joe → CD I|13

Musik: Felix Janosa

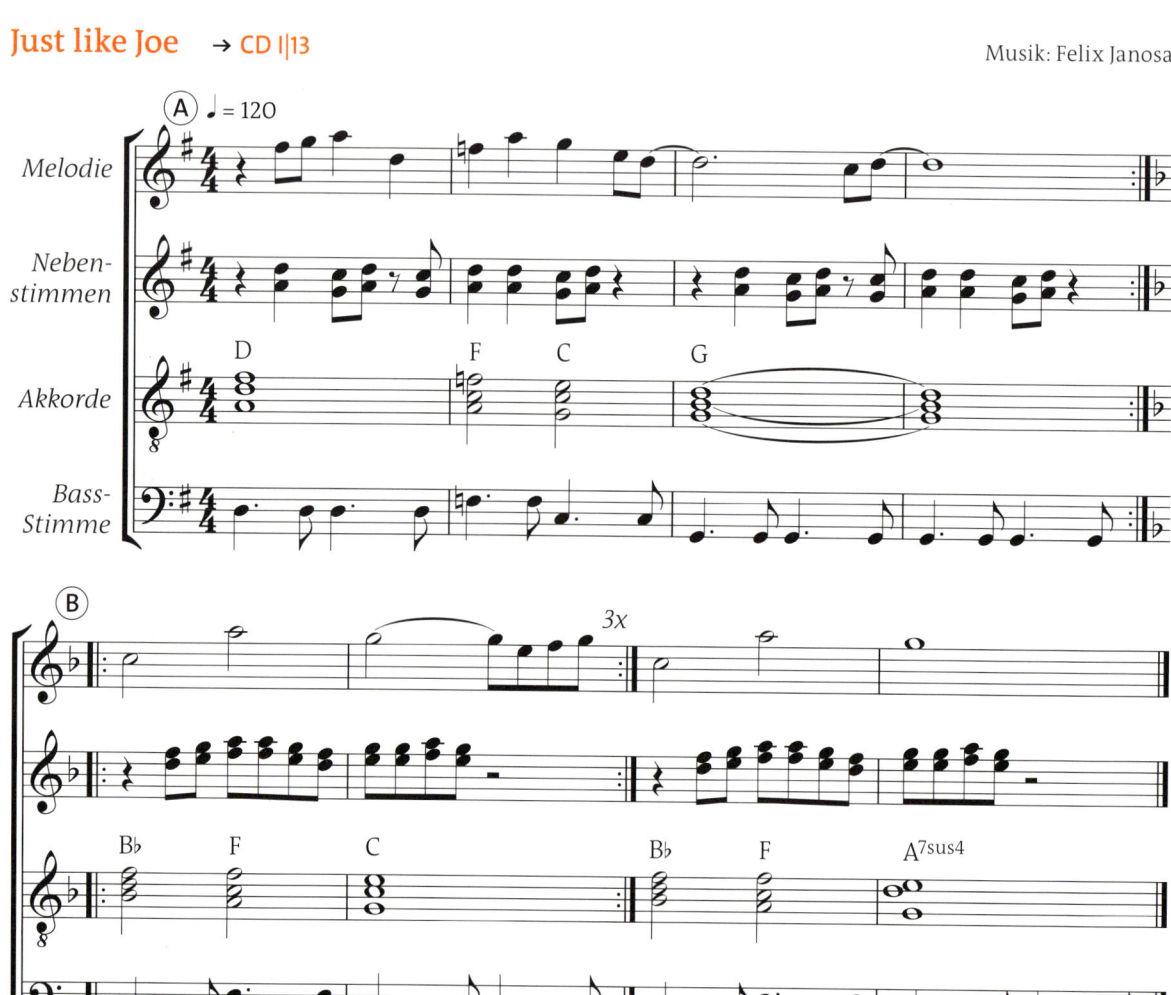

In einem **Arrangement** eines Musikstückes stehen die Stimmen
in sinnvoller Reihenfolge untereinander (Partitur):
- oben die Melodie;
- darunter die Nebenstimmen;
- darunter die Akkord- oder Liegetöne;
- ganz unten der Bass.

Aufgabenverteilung

Wenn ihr ein Stück für die ganze Klasse arrangieren möchtet, müsst ihr verschiedene Gruppen bilden und ihnen unterschiedliche musikalische Aufgaben geben.

1 Die Parts der **Rhythmusgruppe** werden – bis auf den Bass – meist nicht aufgeschrieben, weil sie sich wiederholen.
Die Rhythmusgruppe besteht aus Schlagzeug, Perkussion und Bass. Sie übernimmt das rhythmische Fundament des Stücks. Sie muss deutlich und in gleichmäßigem Tempo spielen.

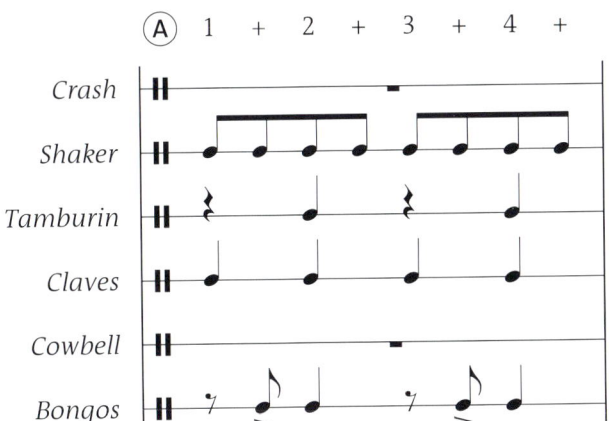

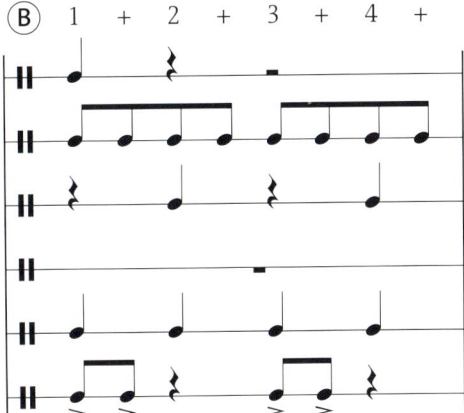

2 Die **Begleitgruppe** spielt auf Keyboards, Stabspielen und Gitarre harmonische Füll- und Begleitstimmen. Durch sie bekommt das Arrangement einen schönen Gesamtklang und »Wucht«.

3 **Melodie- und Gesangstimmen** schweben »über allem« und führen den Hörer durch das Stück. Keyboards oder Blasinstrumente sind hier gut geeignet. Habt ihr Text-Ideen für die Melodie dieses Stückes?

4 **Solisten** haben während der Solo-Teile die Möglichkeit zur **Improvisation**, also zum spontanen Erfinden einer Melodie. Wenn das Tonmaterial zum Improvisieren vorgegeben ist, ist das eine große Hilfe.

Skala zum Improvisieren:

Über einem Ostinato improvisieren

Eine freie Einleitung auf weißen Tasten

Bevor ihr mit dem Improvisieren über »Walk Spirit, talk Spirit« beginnt, könnt ihr in einer rhythmisch freien **Einleitung** das Tonmaterial des Stückes vorstellen:

d e f g a h c d

Der Jazz-Pianist MCCOY TYNER (*1938) liebt die geheimnisvoll klingenden Quartenakkorde. Dabei werden zwei Quarten »übereinander gelegt«. Ihr könnt sie mit einer oder zwei Händen greifen.

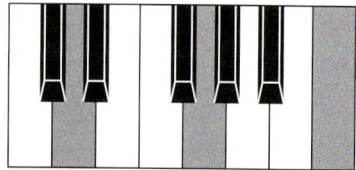

1 Spielt auf Bass oder Keyboard den Ton *d*. Probiert dazu alle Quartenakkorde, die auf den weißen Tasten möglich sind, aus:

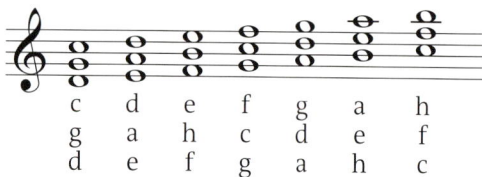

c	d	e	f	g	a	h
g	a	h	c	d	e	f
d	e	f	g	a	h	c

Geht auch höher und tiefer auf der Tastatur des Klaviers (Klaviatur).

2 Beendet eure freie Einleitung, in dem ihr alle leiser werdet und setzt mit dem nächsten Teil, dem Ostinato ein. Das **Ostinato** von »Walk Spirit, talk Spirit« ist nur einen Takt lang und lässt sich gut auf Klavier und E-Bass spielen. → CD I|14, → DVD

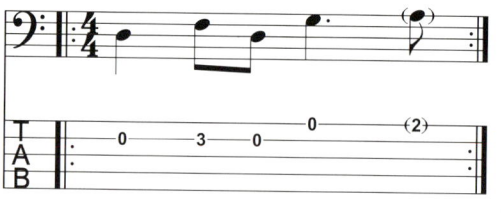

Ein **Ostinato** ist ein sich ständig wiederholendes musikalisches Motiv. Oft taucht es in der Bass-Stimme auf.

Walk Spirit, talk Spirit

3 Über das Ostinato kommt folgende Melodie als Thema. Wiederholt das Thema dreimal. Danach können Soli gespielt werden – mögliche Töne sind wieder die »weißen Tasten«.

4 Wenn ihr das Stück einige Male gespielt habt und euch sicherer fühlt, könnt ihr »Walk Spirit, Talk Spirit« auch in seiner originalen Form ausprobieren:

Walk Spirit, talk Spirit → CD I|15–16

Musik: McCoy Tyner

Ein Tanz im Sitzen

Ein Modetanz lebt neu auf

1 Der »Hand Jive« stammt aus den 1950er-Jahren, der Blütezeit des Rock 'n' Roll (wichtige Musiker: ELVIS PRESLEY, CHUCK BERRY). Für das Musical und den Film »Grease« (1978) wurde dieser Tanz als »Born to Hand Jive« wiederbelebt. → CD I|17

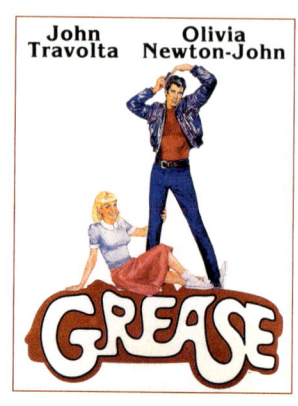

John Travolta Olivia Newton-John
GREASE

A) Schlagt zweimal auf die Oberschenkel …

… und klatscht zweimal in die Hände.

B) Streckt die Finger flach aus und streicht dreimal mit der rechten über die linke Hand …

… und mit der linken über die rechte Hand.

C) Schlagt dreimal mit der rechten Faust auf die linke …

… und mit der linken Faust auf die rechte.

D) Winkelt den linken Arm nach oben an, haltet ihn mit der rechten Hand und kreist …

… und macht dasselbe mit eurem rechten Arm.

Willie and the Hand Jive

JOHNNY OTIS (*1921), einer der ersten weißen Rock 'n'-Roll-Musiker, hat den Hand Jive populär gemacht. Sein Stück »Willie and the Hand Jive« hat ein bequemes Tempo, bei dem ihr alle gut mit den Handbewegungen mitkommt. → CDI|18

2 Jede der vier Bewegungen des »Hand Jive« dauert einen Takt lang – fangt also nach acht Takten wieder von vorne an. → DVD

Ⓐ *auf die Oberschenkel patschen* *in die Hände klatschen*

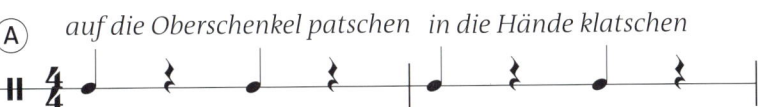

Ⓑ *über linke Hand streichen* *über rechte Hand streichen*

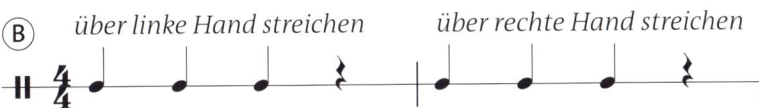

Ⓒ *rechte Faust auf die linke* *linke Faust auf die rechte*

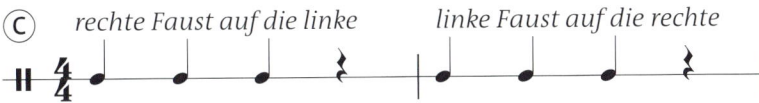

Ⓓ *rechten Arm drehen* *linken Arm drehen*

3 Zum »Hand Jive« von JOHNNY OTIS passt auch diese coole »Table Percussion«:

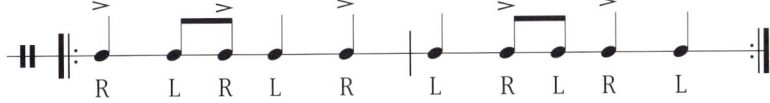

Die rechte Hand schlägt dabei auf den Tisch, die linke Hand bleibt auf dem Oberschenkel.

4 Denkt euch in Kleingruppen eigene Bewegungen für den Hand Jive aus und setzt sie zu weiteren viertaktigen Abläufen zusammen. Wenn ihr Lust habt, probiert die Bewegungen auch zum schnellen Tempo des Titels aus »Grease«. → CD I|17

Schritte aus einer Tanz-Show performen

Große Tanz-Shows

Ob irisch, türkisch oder indisch: Große Tanz-Shows mit vielen Mitwirkenden sind der absolute Hit beim Publikum. Tanz, Musik, Licht und Kostüme geben zusammen ein mitreißendes Portrait einer bestimmten Kultur.

1 Recherchiert vor der Stunde im Internet: Welche Tanz-Shows sind momentan »on tour«? Sucht euch eine Show aus und bereitet kleine Vorträge vor, in denen ihr euren Mitschülern Thema und Charakter der jeweiligen Show präsentiert.

Das Original: Riverdance

2 Die irische Show »Riverdance« eröffnete 1994 den Boom der großen Tanzshows. Hier lernt ihr die Grundbewegungen des irischen Stepptanzes kennen. Auch wenn es nur wenige Bewegungen sind: Wenn ihr sie gemeinsam in einer Reihe macht, ist der Effekt beeindruckend!

→ **CD I|19, DVD**

A) Stellt euch mit ganz geradem Rücken hin, streckt die Arme nach unten aus und legt sie seitlich an die Beine.

B) Hüpft auf das linke Bein …

C) … und stampft mit rechts ein kleines Stück vorwärts auf den Boden …

D) … und stampft dann mit rechts neben den linken Fuß.

E) Hüpft zurück auf das linke Bein …

F) … und stampft mit dem rechten Fuß auf den Boden ein kleines Stück zurück.

G) Hüpft wieder auf das linke Bein …

H) … und schwingt mit dem rechten Unterschenkel hin und her.

Ein Tipp vom Tanzprofi: Klebt euch mit Stoff-Klebeband eine Münze unter die vordere Sohle, um den richtigen Sound für den irischen Stepptanz zu erzeugen.

Mit Alltagsgegenständen Musik machen

Stomp – Der Sound der Straße

Die Trommler der britischen Percussion-Band STOMP hatten sich überlegt: Wie wäre es, wenn man die alltäglichen Geräusche von der Straße zu Musik machen würde? Das Ergebnis war nach langer Vorbereitung und hartem Training die weltweit erfolgreiche Show »Stomp«. Hier kommen Mülltonnen, Besen und Plastikeimer als Musikinstrumente zum Einsatz. Auch ihr könnt in eurer Schule stompen!

1 Die erste Gruppe nimmt robuste Straßenbesen aus Holz – sie sollten sauber sein, wenn ihr sie mit in die Klasse bringt. Übt die drei Bewegungen:
– vorwärts fegen (»vor«)
– rückwärts fegen (»rück«)
– Besen mit Geräusch absetzen (»ab«)

2 Die zweite Gruppe nimmt Plastiktonnen oder Eimer und schlägt mit einem Filzschlägel auf den Boden der Tonne.

3 Die dritte Gruppe braucht zwei Metalldeckel. Da es hier in Deutschland die amerikanischen Mülltonnendeckel nur selten gibt, könnt ihr z. B. Deckel von alten Kochtöpfen benutzen.

Früher Morgen in Manhattan

4 Ein Vorspiel zum »Classroom Stomp«: Es ist früher Morgen in Manhattan.
Als erstes sind die Männer mit dem Besen unterwegs – sie fegen die Reste der Nacht zusammen, alle sind noch furchtbar müde.
Dann kommen die Männer mit den Eimern und räumen den Müll ein. Plötzlich beginnt einer der Besen-Männer einen Rhythmus mit seinem Besen zu spielen …

5 Setzt mit dem Rhythmus hintereinander ein: Erst die Besen mit Wiederholung, dann die Plastikeimer, dann die Deckel.

Classroom Stomp → CD I|20, → DVD

Musik: Felix Janosa

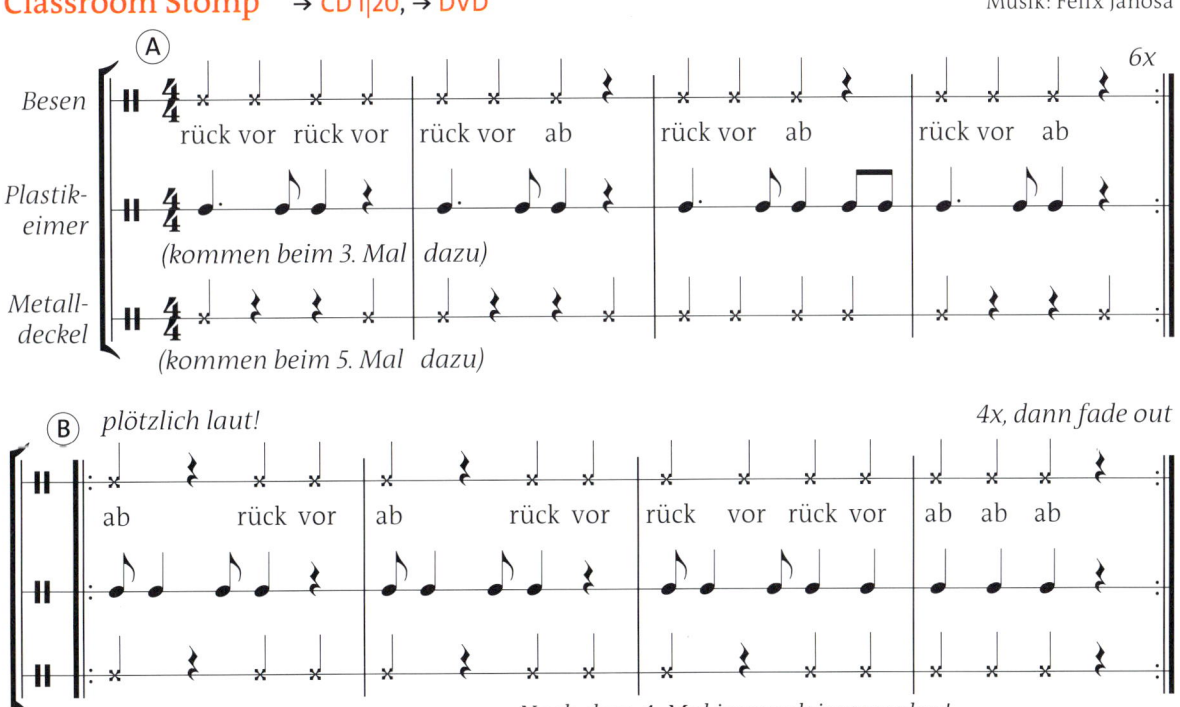

Töne 2

31

Beatboxen und Rappen

Schlagzeug mit Mund und Mikrophon

Beim **Beatboxing** ahmt man Schlagzeug und Perkussion nach, indem man die Geräusche ganz nah am Mikrophon erzeugt.
Der Effekt ist verblüffend – bei einem professionellen Beatboxer kann man kaum einen Unterschied zu echten Drums feststellen!

1 Für das Beatboxen braucht ihr ein robustes Mikrophon, das zum Einsatz auf der Bühne gedacht ist, wie z. B. das »Shure SM58«. Nehmt das Mikrophon wie auf dem Foto in die Hand und sprecht dann möglichst nah hinein.

2 Probiert nun die verschiedenen Laute aus: Wichtig ist, dass ihr alle Konsonanten **stimmlos** erzeugt.

Beim **Rim Click** liegt das Ende des Trommelstocks auf dem Fell und die obere Hälfte wird auf den Rand der Snare Drum geschlagen.

Hi-Hat:
ts ts ts ts

Rim Click
auf Snare:
k k k k

Snare: *ksch ksch ksch ksch*

Bass-Drum:
p p p p

3 Stellt euch nun vor, ihr würdet das Wort »Pizzakatze« immer wiederholen:
PI – ZZA – KA – TZE   PI – ZZA – KA – TZE

Wenn ihr die Vokale weglasst, erhaltet ihr den Basis-Groove:
p   ts   k   ts   p   ts   k   ts

Probiert auch andere Grooves aus: p ts ksch ts p ts ksch – / p p ksch ts p p ksch –

Rappen mit der Pizzakatze

4 Während einer von euch den Grundrhythmus mit Beatboxing erzeugt, können die anderen den Text von der »Pizzakatze« singen oder rappen.

Die Pizzakatze

→ CD I|21–22

Musik: Felix Janosa
Text: Jörg Hilbert

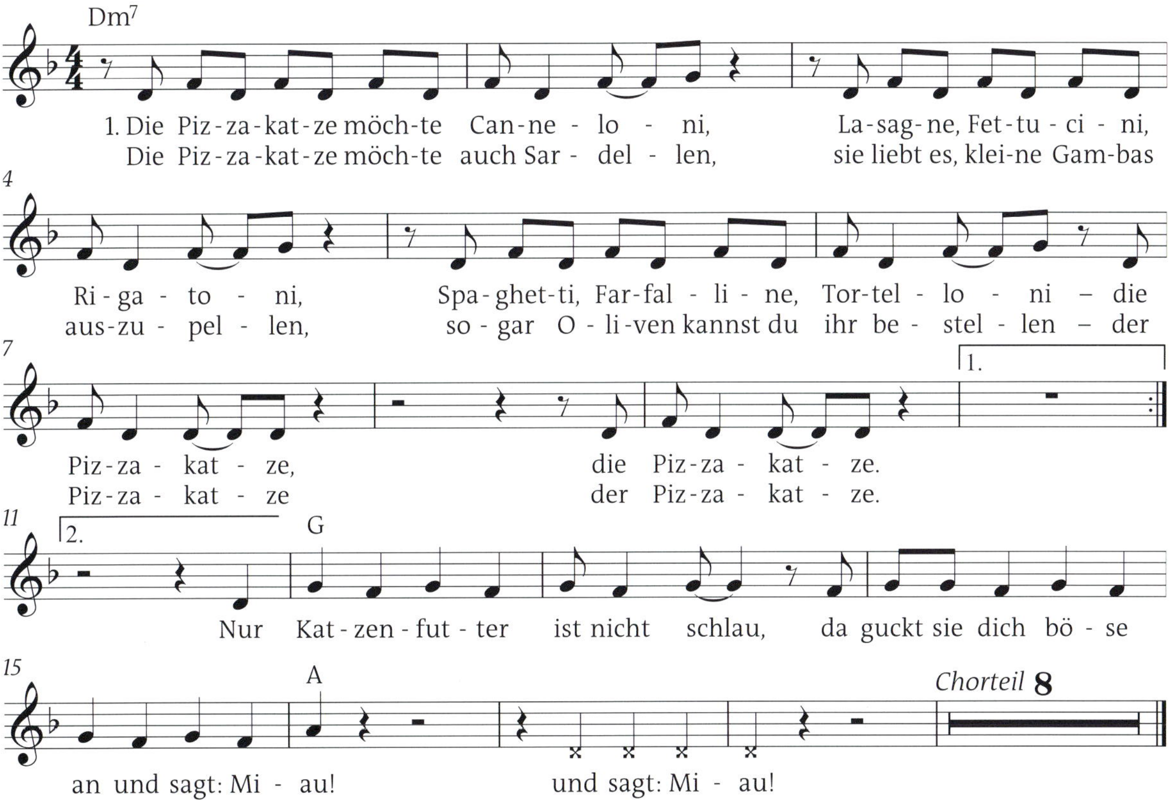

Dm7
1. Die Piz-za-kat-ze möch-te Can-ne - lo - ni, La-sag-ne, Fet-tu - ci - ni,
Die Piz-za-kat-ze möch-te auch Sar - del - len, sie liebt es, klei-ne Gam-bas
4
Ri-ga - to - ni, Spa-ghet-ti, Far-fal - li - ne, Tor-tel - lo - ni – die
aus-zu - pel - len, so - gar O - li-ven kannst du ihr be - stel - len – der
7
1.
Piz-za - kat - ze, die Piz-za - kat - ze.
Piz-za - kat - ze der Piz-za - kat - ze.
11
2.
G
Nur Kat-zen-fut-ter ist nicht schlau, da guckt sie dich bö - se
15
A
Chorteil 8
an und sagt: Mi - au! und sagt: Mi - au!

PIZZA PIZZA PIZZA

2. Strophe:
Die Pizzakatze möchte mit Tomaten,
mit Käse und mit lecker Thunfischbraten.
Der Kellner darf sie allenfalls beraten –
die Pizzakatze, die Pizzakatze.
Die Pizzakatze möchte auch Calzone,
Salami, Funghi und Quattro Stagione,
mit Ananas und auch mal mit Melone –
die Pizzakatze, die Pizzakatze.

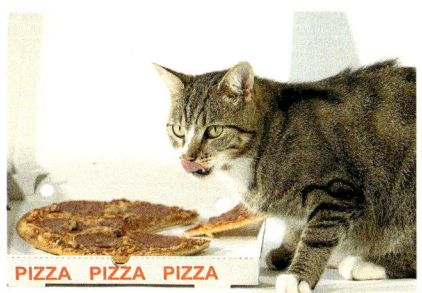

Einen eigenen Rap-Text schreiben

Der Tod von Alberto Adriano

1 Welche Rapstücke kennt ihr, in denen es um konkrete Probleme oder aktuelle Themen geht?

Die Gruppe BROTHERS KEEPERS gründete sich im Jahr 2000 mit bekannten Rappern wie XAVIER NAIDOO, TORCH oder SAMY DELUXE. Der Rap »Adriano« (2000) entstand als Reaktion auf den Mord an ALBERTO ADRIANO, der im Juni 2000 von Rechtsextremisten in Dessau zusammengeschlagen wurde und drei Tage später an seinen Verletzungen starb.

2 Hört euch den Rap an und lest den Text mit. Was bezweckt die Gruppe mit ihrem Stück?

Adriano (Auszug)　→ CD I|23

Xavier Naidoo/Germ Da/Dennis Lisk/Tyron Ricketts/ Chimaobinna Onyele/Samy Sorge/Adegoke Odukoya/Abiodun Odukoya/ Robert Zemichiel/Sekou Neblett/Onosizo Ngcala/Haschim Elobied/ Frederik Hahn/ Chris Kindt/Daniel Kretschmer

Jetzt ist die Zeit, hier ist der Ort ✯ Heute ist die Nacht, Torchmann hat das Wort ✯ Denk' ich an Deutschland in der Nacht ✯ bin ich um meinen Schlaf gebracht ✯ mein Bruder Adriano wurde umgebracht ✯ Hautfarbe: schwarz. Blut: rot. Schweigen ist Gold. ✯ Gedanken sind tiefblau. Ein Bürger hat Angst vor seinem Volk. ✯ Ein Wintermärchen aus Deutschland. Blauer Samt. ✯ Als Kind schon erkannt: Ich bin hier fremd im eigenen Land ✯ Operation Artikel 3 – da habt ihr gelacht! ✯ Jungs, das ist mein Leben, das ha'm wir uns nicht ausgedacht ✯ In all den Jahren in denen wir Airplay verschwendet haben ✯ Man könnte denken, wir Rapper hätten nichts zu sagen ✯ Doch es rächt sich, ihr werdet sehen, es holt uns ein! ✯ Einigkeit macht stark – Adriano starb allein […]
Dies ist so was wie eine letzte Warnung ✯ Denn unser Rückschlag ist längst in Planung ✯ Wir fallen dort ein, wo ihr auffallt ✯ Gebieten eurer braunen Scheiße endlich Aufhalt ✯ Denn was ihr sucht, ist das Ende ✯ Und was wir reichen sind geballte Fäuste und keine Hände ✯ Euer Niedergang für immer. Und was wir hören werden, ist euer Weinen und euer Gewimmer …
Ich rapp' für meinen Bruder, denn ich könnte auch das Opfer sein ✯ Falscher Ort, falsche Zeit – da hilft dir auch nicht tapfer sein ✯ wieviel Blut muss fließen in innerdeutschen Krisen ✯ Alter, schau, die letzten Jahre haben das mir oft bewiesen ✯ dass die Menschen sich erheben, wenn die Leute nicht mehr leben ✯ Doch dann ist es zu spät, ihr solltet öfter darüber reden ✯ Also sag, wie ist das möglich? ✯ Mal ist es doch tödlich. Gerechtigkeit ✯ Denn nicht nur Adriano hat es nötig …

Rappen über wichtige Sachen

3 Was ärgert oder bewegt euch selbst? Setzt euch in Gruppen zusammen und sammelt gemeinsam Wörter und Zeilen, in denen ihr die Situation an eurer Schule oder eigene Erfahrungen beschreibt. Rap-Zeilen müssen sich nicht unbedingt reimen! Hauptsache, ihr findet Begriffe, die das, was ihr sagen wollt, gut beschreiben. Kritzelt alle spontan gefundenen Wörter und Ideen erst einmal auf ein Blatt – das hilft immer!

Brothers Keepers

METHODE

Zwei Regeln zum Texte Schreiben:

Fair bleiben! Wenn man etwas kritisiert, sollte man trotzdem nicht beleidigend werden (schließlich will man selbst ja auch nicht beleidigt werden!).

Auf die Sprache achten! Mancher findet harte Schimpfwörter cool oder lustig, andere dagegen nicht. Es ist gut, vor dem Reden oder Schreiben kurz zu überlegen, ob man nicht auch ohne bestimmte Begriffe auskommen kann.

4 Aus euren aufgeschriebenen Zeilen werden Rap-Zeilen, wenn ihr sie dem Rhythmus des Playbacks anpassen könnt (→ CD I|24).
Manchmal genügt nur eine kleine Veränderung, damit dies klappt. Habt aber Geduld mit euch und den anderen in der Gruppe: Nur, wenn ihr entspannt arbeitet, kann auch das Ergebnis gut werden.

5 Findet ihr ein gemeinsames Motto, das ihr als Refrain benutzen könnt?
Wenn jede Gruppe vier oder acht Zeilen zusammen hat, dann könnt ihr schon euren Klassen-Rap zum Playback aufführen. → CD I|24
Sortiert den Text und schreibt ihn auf Overhead-Folie. Rappt den Refrain gemeinsam, die Strophen übernehmen einzelne aus den Gruppen.

Eine Geräuschemaschine bauen

Charlie Chaplin – »Modern Times«

1 Welche Geräusche erzeugen Maschinen? Probiert mit Stimme und Lippen unterschiedlichste Geräusche aus. Versucht danach, eure Versuche in Buchstaben und Symbolen festhalten.

Der Film »Modern Times« des Komikers und Regisseurs CHARLIE CHAPLIN (1889–1977) entstand bereits im Jahr 1936. CHAPLIN spielt darin einen Arbeiter am Fließband einer Fabrik. Er wird von der Gleichförmigkeit seiner Arbeit so benebelt, dass er in die Räder einer Maschine gerät und trotzdem einfach immer weiter arbeitet. → CD I|25

2 Schaut euch gemeinsam den zweiminütigen Ausschnitt vom Anfang des Films an und gebt die Handlung wieder. → DVD

Stationen mit Maschinengeräuschen

3 Bildet kleine Gruppen und überlegt, wie ihr eine Geräusch-
maschine in eurer Gruppe »bauen« könnt. Jeder denkt sich
ein Geräusch und eine dazu passende Bewegung aus.
Stimmt dann die Bewegungen und Geräusche miteinander ab
und bringt sie in eine Reihenfolge. → DVD

4 Eine »Betriebsstörung« wie im Film »Modern Times«
macht eure Maschine noch interessanter!

Tipp: Ihr könnt das Stück auch
von einem »Dirigenten« leiten
lassen, der die Einsätze, die
Länge und das Tempo der Geräusche bestimmt. Wechselt
euch beim Dirigieren ab!

Lampenfieber haben

Die Angst zu versagen

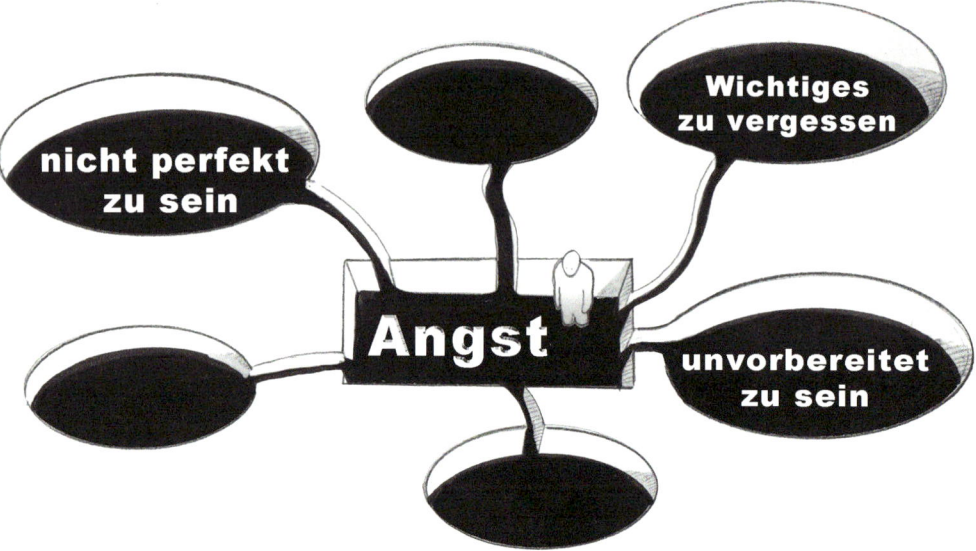

1 Kennt ihr diese Gefühle? Diskutiert: Was könnten weitere Gründe sein? Sammelt eure Ideen und schreibt sie auf ein Plakat, das ihr in der Klasse aufhängt.

2 »Erste Hilfe« bei akutem Lampenfieber:

A) Atmet langsam ein, zählt dabei rückwärts von 10 bis 1 und lasst dann die Anspannung mit einem »Pffft« (Ausatmen) raus ...

B) Stellt euch etwas besonders Schönes oder Leckeres vor ...

C) Denkt daran, dass ihr geprobt habt und deswegen gut vorbereitet seid ...

D) Verteilt vor dem Auftritt kleine Zettel mit Smileys im Raum als »nettes Publikum« ...

E) Sprecht euch selbst Mut zu:
   »Ich schaffe meinen Auftritt und habe Spaß.«

F) Denkt an die Zeit nach dem Auftritt, wenn ihr den Erfolg genießt.

Ein Sprechstück für drei Gruppen

3 Spaß auf der Bühne zu haben ist die beste »Medizin« gegen Lampenfieber!

Studiert diesen Rap ein und sprecht ihn, bevor ihr einen Auftritt habt.

Ich bin so schrecklich aufgeregt

Musik: Felix Janosa
Text: Jörg Hilbert

Programm und Ansagen vorbereiten

Einen Spannungsbogen herstellen

1 Für eine Show mit Beiträgen aus eurer Klasse oder der ganzen Schule braucht ihr neben den Beiträgen auch ein **Organisations-Team**, das Struktur in die Sache bringt.

2 Nachdem die Reihenfolge feststeht, muss sich eine Gruppe die **Anmoderationen** überlegen.
Achtung: Je kürzer, klarer und witziger eure Ansagen sind, um so besser kommen sie an.

A: Wer macht was?

B: Welche Reihenfolge sollen die Beiträge haben?

- eine starke <u>Eröffnungsnummer</u>, am besten in der Gruppe;
- auf Abwechslung in der Reihenfolge der Beiträge achten (z. B. ruhig–wild);
- zum Ende hin steigern, dort die schnelleren und lauteren Nummern platzieren;
- ein passendes <u>Finale</u> überlegen, möglichst mit der ganzen Gruppe.

C: Wie sollen das Plakat und das Programmheft aussehen?

METHODE

Anmoderation

In einer **Anmoderation** wird ein Musikstück oder ein sonstiger kultureller Beitrag angekündigt. Unbedingt notwendig sind der **Titel** und die **Art** des Beitrags sowie die **Namen der Ausführenden**. Darüber hinaus hält ein Moderator das Publikum bei guter Laute und baut Brücken zwischen den Beiträgen.

Tipps von den Bühnenprofis

3 Es gibt eine Reihe von Tipps, die euch helfen, auf der Bühne einen guten Eindruck zu hinterlassen.

Prüft vor dem Auftritt, ob sich alles, was ihr braucht (Instrument, Noten, Mikrophon, Kabel etc.), auch wirklich auf der Bühne oder in Reichweite befindet und funktioniert.

Versucht vor dem Auftritt noch einmal ruhig zu werden! Egal, ob ihr sprecht, singt, tanzt oder auf einem Instrument spielt – konzentriert euch nur auf euren Vortrag. Versucht, alle störenden Gedanken für diese Zeit abzuschalten.

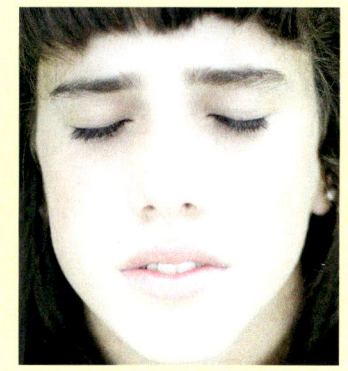

Lächelt, wenn ihr die Bühne betretet – es muss ja kein breites Grinsen sein.

Nach der Nummer solltet ihr den Applaus etwas abwarten und euch dann höflich verbeugen. Verlasst die Bühne erst, wenn der Applaus langsam nachlässt.

Spieltechnik

Klang

Drumset

Mischpult

– Orchester

43

Besetzung

Orchester

Partitur

Molto vivace

Flöte 1/2

Oboe 1/2

Klarinette 1/2
in C

Fagott 1/2

Horn 1/2
in D

Horn 3/4
in B

Trompete 1/2
in D

Altposaune
Tenorposaune

Bassposaune

Pauken
in F

Violine 1

Violine 2

Viola

Violoncello/
Kontrabass

Musik der Stille

Zwei Minuten entspannen

Ihr kennt das Gefühl, wenn ihr unruhig oder gestresst seid oder vielleicht auch schlechte Laune habt.
Wenn ihr euch Zeit nehmt und euch auf eine bestimmte Sache konzentriert, können euer Gehirn und euer Körper neue Energie tanken!

1 Welche Musik hört ihr, wenn ihr euch entspannen möchtet?

2 Als Entspannungsmusik dient euch hier ein Klavierstück des katalanischen Komponisten FEDERICO MOMPOU (1893–1987). Es gehört zu Stücken, die er »Musica Callada« nannte: »Schweigsame Musik«.
Bringt euch in eine bequeme Position, verschränkt z. B. die Arme auf dem Tisch und legt den Kopf darauf oder schließt einfach nur die Augen. Wenn es ruhig in eurer Klasse ist, beginnt das Klavierstück. → CD II|1
Versucht, euch nur auf die Musik zu konzentrieren – jeder einzelne Ton will gehört werden.

Eine Minute lauschen

3 Was könnt ihr alles bei geöffnetem Klassenfenster hören, wenn ihr mal für eine Minute die Augen schließt und selbst kein Geräusch macht?

Versucht euch alle Geräusche zu merken, die ihr in der Nähe, aber auch in der Ferne hören könnt. Schreibt – wenn die Minute beendet ist – alles auf, was ihr gehört habt. Versucht auch die Geräusche zu beschreiben, die ihr nicht genau zuordnen konntet.

4 Raus aus dem Klassenzimmer: Wiederholt das Experiment »Eine Minute lauschen« an anderen Orten – auf dem Schulhof, an der Bushaltestelle oder auf dem Sportgelände.

Bildet Gruppen und nehmt in einer »Hör-Rallye« die Geräusche der Umgebung auf. Stellt euch eure Aufnahmen gegenseitig vor und beschreibt den Weg, den die anderen gegangen sind.

5 Schreibt auch hier auf, was ihr alles erlauschen oder aufnehmen konntet.

Tragt die Ergebnisse zusammen und ordnet sie folgenden Punkten zu (→ MB):

laut	leise
angenehm	unangenehm
spitz	dumpf
störend	nicht störend
lang anhaltend	kurz

Fallen euch weitere Punkte ein?

Wunderwerk Ohr

Ein Schlagzeuger schlägt zu:
Das Fell der Trommel wird in **Schwingung** versetzt. Diese Schwingung überträgt sich auf die **Luft**.
Die Schwingungen in der Luft erreichen mit hoher Geschwindigkeit (1 200 km/h!) das Ohr und treffen auf das **Trommelfell** im Mittelohr.

Das Trommelfell leitet die Schwingungen an das **Innenohr** (Schnecke) mit dem empfindlichen Hörsinnesorgan weiter. Hier werden sie in **elektrische Nervenreize** umgewandelt, die vom Hörnerv an das Hirn geschickt werden.

äußeres Ohr | Mittelohr | Innenohr

Hammer
Steigbügel
Amboss
Gleichgewichts-organ
Trommelfell
äußerer Gehörgang
Eustachische Röhre

Im **Gehirn** werden die Informationen des Ohrs verarbeitet. Eure bisherige Hörerfahrung sagt nun: Da muss einer auf die Trommel geschlagen haben!

1 Vielleicht gibt es bei euch im Fach Physik die Möglichkeit, dieses Experiment zu machen: Ein rasselnder Wecker wird unter eine Glasglocke gestellt. Ein Apparat entzieht der Glocke die Luft, es entsteht ein Vakuum. Kann man das Klingeln des Weckers im Vakuum hören? Sucht nach Gründen.

Was hören wir?

Die Schallwellen, aus denen Klänge bestehen, können sichtbar gemacht werden: **Töne** haben gleichmäßige, sich wiederholende Muster, **Geräusche** sehen »wirr« aus.

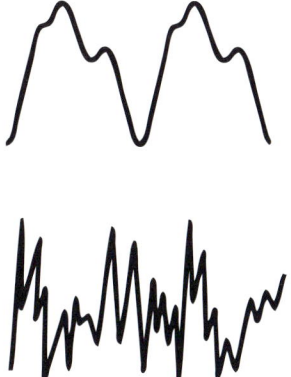

2 Haltet einen Filzstift senkrecht nach unten und imitiert mit dem Arm die Schwingung einer Gitarrensaite. Euer Banknachbar zieht nun ein Blatt Papier unter dem Stift durch. Betrachtet die Wellenform.

3 Im Verlaufe unseres Lebens lernen wir, Klänge genau zu unterscheiden. Hört die Klang-Abfolge an (→ CD II|2): Ton oder Geräusch? Von welchem Instrument wird der Ton gespielt?

Welches Geräusch genau hört ihr? Versucht die Klänge im ersten Durchlauf ohne die Abbildungen zu erkennen. Dann macht einen zweiten Durchlauf mit den Abbildungen.

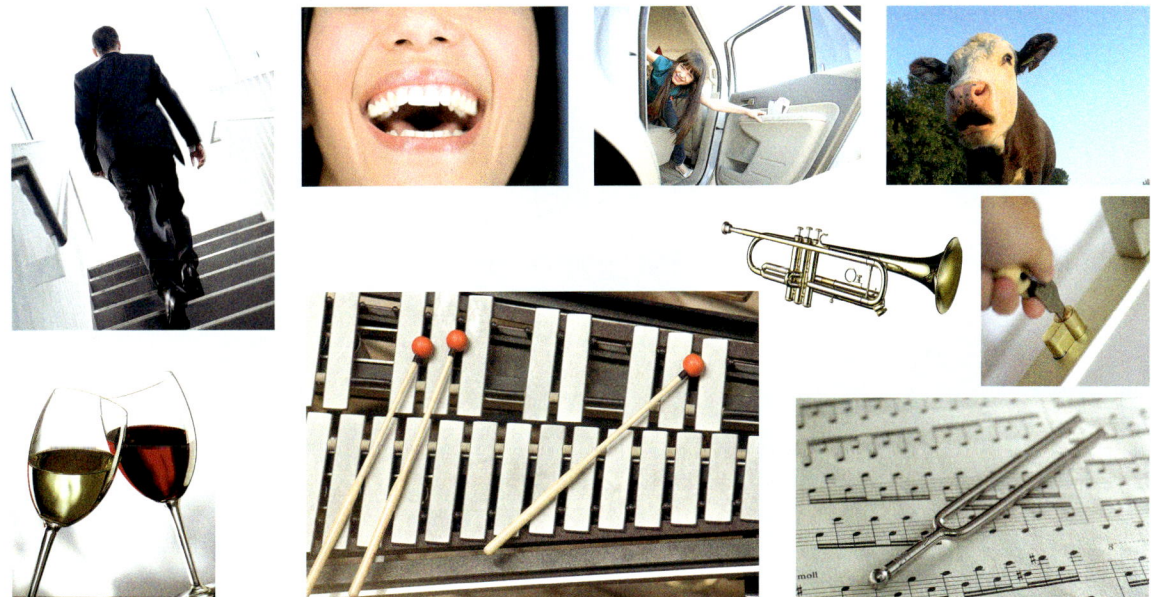

4 Vergleicht am Computer die Wellenformen verschiedener kurzer Aufnahmen, ohne sie davor anzuhören. Entscheidet: Handelt es sich um einen Ton, ein Geräusch oder um Sprache? → www.westermann.de/artikel/978-3-507-03026-8/toene-schuelerband-2

Lautstärke

Alltagslärm

Laute Geräusche oder laute Musik können richtig nerven. Denn Lautstärke setzt ein Stresshormon (Adrenalin) in unserem Körper frei. Der Körper schaltet um auf »Alarm«, auf eine Ausnahmesituation. Wenn ihr in dieser Situation nichts dagegen tut, z. B. euch bewegt oder Sport macht, bekommt ihr schlechte Laune: Der Körper kann das Adrenalin nicht abbauen.

1 Erstellt eine Tabelle mit zwei Spalten. Tragt darin die Orte in eurer Umgebung und eurem Leben ein, die ihr entweder als »laut« und »nervend« oder als »ruhig« und »entspannend« empfindet. → MB

i

2 Macht zu zweit einen Test: Einer setzt dem anderen eine schwingende Stimmgabel auf den Kopf. Ist der Ton über die Knochenleitung in beiden Ohren gleich laut zu hören?

Dezibel (dB) ist die Maßeinheit zur Bestimmung des Schalldrucks.

Silvesterböller direkt am Ohr
150 dB

Rockkonzert
120 dB

Typische Stereoanlage
bei maximaler Lautstärke
105 dB

Motorrad
95 dB

Rasenmäher
90 dB

Großstadtverkehr
85 dB

Normales Gespräch
60 dB

Summen eines Kühlschranks
40 dB

Flüstern
30 dB

Ticken einer Uhr
20 dB

Normale Hörschwelle
0 dB

Schäden durch Lautstärke

3 Hörschäden entstehen durch zu hohe Lautstärke oder Dauerbelastung des Ohrs. Tauscht euch aus: Wann hat es bei euch im Ohr nach Diskobesuch oder lautem Musikhören schon einmal »geklingelt«? Beschreibt dieses Gefühl.

4 Lest den Artikel von Brigitte Zander. Diskutiert folgende Fragen:
Sollen Disko-Besitzer oder Konzert-Veranstalter Rücksicht auf mögliche Folgeschäden bei Zuhörern nehmen?
Sollte die Geschädigte in dem Artikel auf Schadensersatz klagen?

5 Recherchiert im Internet: Ab wie viel Dezibel kann das Gehör Schaden nehmen?
Stichworte:
Gehör
Dezibel
Hörschäden

»Dass Schülerinnen an diesem Abend ›ein bisschen taub waren und so 'n Piepen‹ im Ohr hatten, erschien ihnen normal. Das kannten sie von anderen Pop-Konzerten. Bei der Freundin verschwand das Piepen auch am nächsten Tag. Aber Verena leidet seit diesem 9. Februar immer noch an störenden Ohrgeräuschen. Dabei habe sie alles versucht, jammert Verena: blutverdünnende Tabletten, Infusionen, Cortison-Spritzen, Elektrodenmessungen am Kopf, Ohrenstöpsel, Schmerztabletten, Schlafmittel. Das Dauerrauschen nervte anfangs so schlimm, dass das zierliche Mädchen auf den geringsten Lärm hysterisch reagierte. [...] Sie weinte bei jeder Anspannung. Als letztes Mittel gegen die hochgradig lärmtraumatische Innenohrschädigung verordnete ihr der HNO-Arzt absolute Ruhe; Verena durfte vier Wochen nicht einmal mehr in die Schule – und das in der Abiturvorbereitung! Die Taubheit ist inzwischen verschwunden, die Lärmempfindlichkeit etwas gelindert. Doch mit dem Tinnitus, einem störenden Sausen, Brausen oder Piepen im Ohr, muss Verena leben.«

Brigitte Zander: Hörschäden bei Jugendlichen –
Krank durch Krach, Stern vom 3. Juni 2007

Systematik der Klangerzeugung

Wie entstehen Töne?

i

Man unterscheidet:

Aerophone (Luftklinger) – eine Luftsäule wird in Schwingung versetzt

Chordophone (Saitenklinger) – eine Saite wird in Schwingung versetzt

Membranophone (Fellklinger) – ein Fell wird zum Schwingen gebracht

Idiophone (Selbstklinger) – ein Gegenstand aus Metall, Holz, Glas wird zum Schwingen gebracht

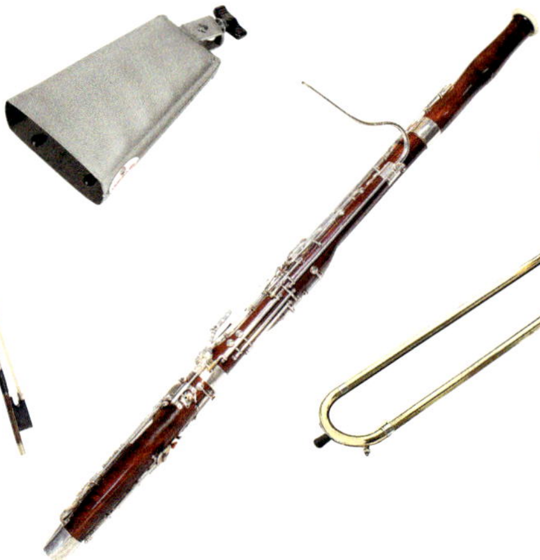

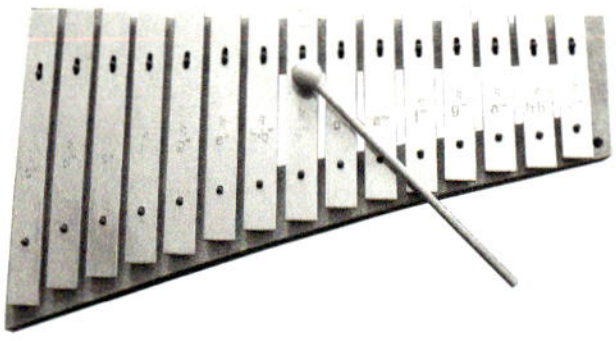

1 Bestimmt die Art der Klangerzeugung bei den abgebildeten Instrumenten. Kennt ihr sogar den Namen des jeweiligen Instruments? Ordnet ihnen die Hörbeispiele zu. → CD II|3

Tasteninstrumente

Bei den **Tasteninstrumenten** kann man nicht sofort sehen, wie der Klang entsteht: Erst wenn man in ein solches Instrument hineinschaut, sind die Mechanik und die Klangerzeugung erkennbar.

2 Hört euch die Tonbeispiele an: Welches Tasteninstrument ist jeweils zu hören? Vergleicht die unterschiedlichen Klänge von Klavier, Orgel, Celesta und Cembalo und beschreibt sie. → CD II|4–7

3 Entscheidet anhand der Fotos: Handelt es sich bei dem abgebildeten Tasteninstrument um ein Chordophon, ein Aerophon oder ein Idiophon?

Instrumentengruppen

Besetzungen

 Ordnet die vier Hörbeispiele den Abbildungen zu. → CD II|8–11

Jazz   Rockmusik
Streichquartett
Popmusik   Big Band
Klaviertrio   Musical
Kammermusik
Bläserquintett
Oper

2 Schreibt auf, aus welchen Instrumenten sich das jeweilige Ensemble zusammensetzt. Welche der nebenstehenden Begriffe passen zu den Hörbeispielen und Fotos?

Das Saxophon – Ein Instrument für alle Lagen

Tequila

Musik: Chuck Rio

3 JÖRG KAUFMANN ist Profi-Saxophonist. Er besitzt Saxophone in allen Größen – von klein bis ganz groß. Er spielt »Tequila« zuerst auf dem Tenor-Saxophon. Begleitet ihn mit diesen Patterns. → CD II|12

Begleitung

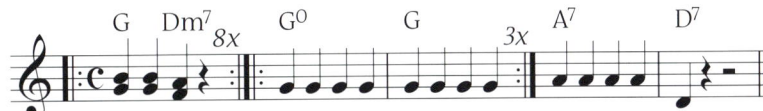

4 Ihr hört »Tequila« von drei anderen Saxophonen gespielt: Sopran-, Alt- und Bariton-Saxophon.
Ordnet zu: hoch (Sopran), mittel (Alt), tief (Bariton).
→ CD II|13–15, DVD

Sopran und **Alt** nennt man die hohe und die tiefe Stimmlage bei Frauen.
Tenor und **Bariton** nennt man die hohe und die mittlere Stimmlage bei Männern.

Wie sieht Musik aus?

Zwei Aufnahmen im Vergleich

Der Beginn des zweiten Satzes der 9. Sinfonie von LUDWIG VAN BEETHOVEN wurde hier als digitale Wellenform sichtbar gemacht. Die Aufnahme wurde vom estnischen Dirigenten PAAVO JÄRVI (*1962) mit der Deutschen Kammerphilharmonie Bremen eingespielt.

1 Hört euch das Tonbeispiel an und schaut auf die obere Wellenform. Was könnt ihr erkennen? → CD II|16

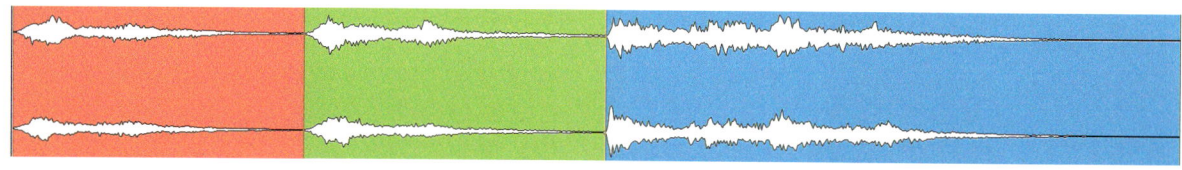

Järvi

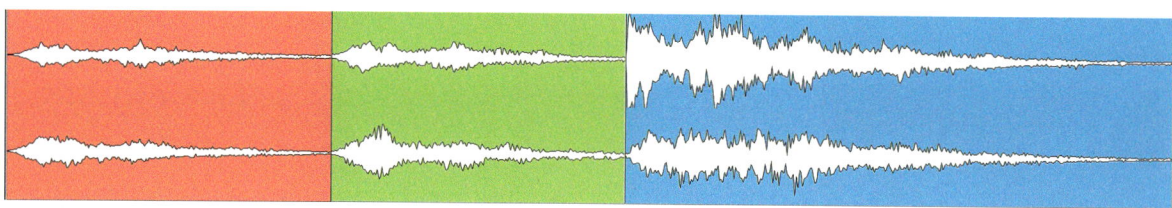

Karajan

2 Dasselbe haben wir mit einer anderen Aufnahme desselben Stücks gemacht: Diesmal dirigiert HERBERT VON KARAJAN (1908–1989) die Berliner Sinfoniker.
Hört euch den Anfang von KARAJANS Einspielung an.
Könnt ihr einen Unterschied zu JÄRVI hören? Vergleicht auch die Wellenformen miteinander. → CD II|17

3 Über welche Bereiche der Musik kann euch die Wellenform etwas verraten?
a) Die Töne, die gespielt werden, b) die Lautstärke, c) das Tempo, d) die Instrumente, die mitspielen.

Was Beethoven aufgeschrieben hat

In einer **Partitur** schreibt der Komponist alle Stimmen der verschiedenen Instrumente untereinander. So hat der Dirigent den Überblick, wann er welchem Instrument den Einsatz geben muss. Die Musiker spielen nicht aus der Partitur, sondern haben nur ihre eigenen **Stimmen**.

Über dem Stück befindet sich die **Tempoangabe**.

Hinter dem Notenschlüssel befindet sich die Angabe der **Taktart**.

Links am Rand kann man die **Besetzung** (Welche Instrumente spielen mit?) des Stückes erkennen.

Unter den Noten befinden sich die **Lautstärkeangaben**.

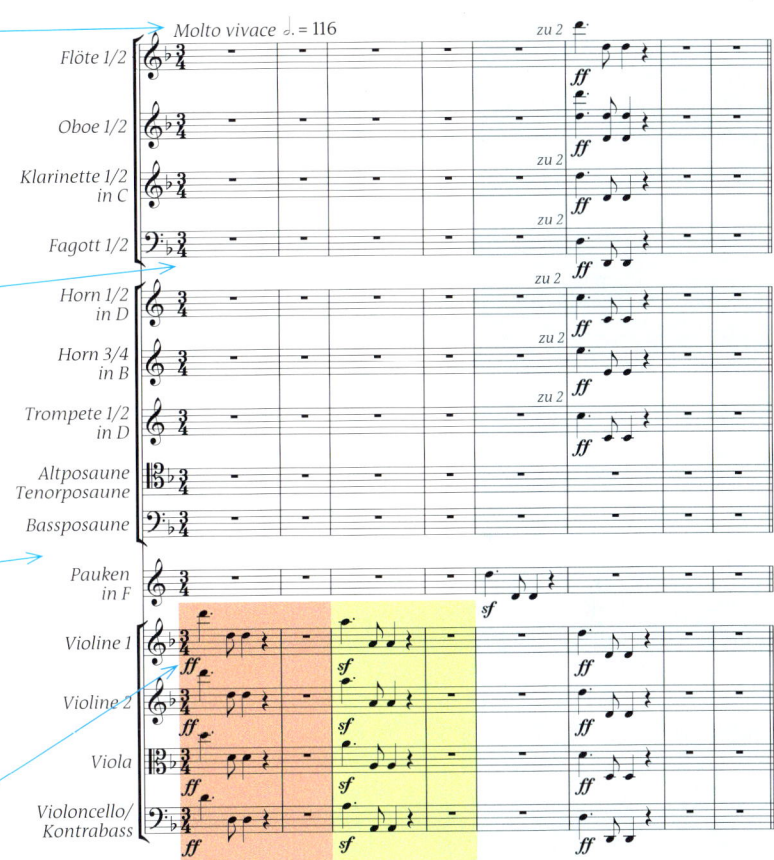

4 Untersucht die Partitur: Wie schnell wird das Stück gespielt? In welcher Taktart steht es? Welche Instrumente spielen mit?

5 Welche Instrumente spielen das Anfangsmotiv in den Takten 1–4 mit? Wie sind die Instrumente in der Partitur angeordnet?

6 Oft finden sich Partituren anderer Komponisten in Musikbüchern. Schaut euch gemeinsam eine Seite einer anderen Partitur an. Vergleicht mit Beethovens 9. Sinfonie: Besetzung, Tempo, Taktart und Lautstärken.
→ MB

Die Klanggruppen des Orchesters (1)

Jahrelange Arbeit an einem Musikstück

Die neunte und letzte Sinfonie von LUDWIG VAN BEETHOVEN (1770–1827) ist sein bekanntestes Werk. Der Komponist brauchte insgesamt zehn Jahre bis zur Fertigstellung dieses Stückes für Sinfonieorchester. Es besteht aus vier Sätzen.

1 Hört euch die musikalische Grundidee des 2. Satzes vom Klavier gespielt an. Was macht sie für einen Eindruck auf euch? → CD II|18

2 Hört den Anfang desselben Satzes, jetzt vom Orchester gespielt, an. Beschreibt den Unterschied zur Fassung mit Klavier. → CD II|19

3 Welche Instrumente im Sinfonieorchester könnt ihr benennen? Tragt die Namen an der Tafel zusammen. → MB

Die Gruppen des Sinfonieorchesters

4 Wir haben für euch das Thema von BEETHOVEN von den vier Gruppen des Sinfonieorchesters getrennt spielen lassen. Ordnet die Hörbeispiele den vier Orchestergruppen zu.
→ CD II|20–23

Die **Blechbläser** sorgen für die Betonung der »kräftigen« Stellen in einer klassischen Sinfonie.

Die **Schlaginstrumente** im klassischen Sinfonieorchester sind die Pauken und die Becken. Sie werden von zwei Spielern bedient.

Die **Streicher** machen den größten Teil des Orchesters aus und übernehmen auch die meisten musikalischen Aufgaben.

Die **Holzbläser** sorgen für besondere Klangfarben.

Die Klanggruppen des Orchesters (2)

In der Partitur: Die Streicher

1 Auch wenn ihr die Tonhöhen nicht auf Anhieb benennen könnt, ist es nicht so schwer, die Musik, die BEETHOVEN aufgeschrieben hat, in der Partitur zu verfolgen. Nachfolgend seht ihr zwei **Akkoladen**, die genau wie zwei Textzeilen jeweils von links nach rechts gelesen werden.

Hört euch den Ausschnitt an und klopft jeden Takt auf der ersten Zählzeit mit. Bei jedem Klopfer geht es einen Takt weiter. → CD II|24

Musik: Ludwig van Beethoven

2 Die fünf verschiedenen Gruppen der Streichinstrumente setzen in dieser Passage hintereinander ein. Nennt die Reihenfolge, in der sie »hinein kommen«. → CD II|24

3 Die Einstiegtakte der Streicher sind oben farbig markiert. Was fällt euch auf?

i

Die **Streichergruppe** eines Sinfonieorchesters besteht aus 1. und 2. Violinen (Vl. 1, Vl. 2), Violen (Bratschen) (Vla.), Violoncelli/Celli (Vc.) und Kontrabässen (Kb.).

In der Partitur: Die Holzbläser

Das tiefste
Holzblasinstrument:
das **Fagott** (Fg.)

Das höchste
Holzblasinstrument:
die **Flöte** (Fl.)

Auch wenn sie nicht alle aus Holz gebaut sind, gehören Flöte, Oboe, Klarinette und Fagott zu den **Holzblasinstrumenten**.

Zu den **Blechblasinstrumenten** zählen Trompete, Horn und Posaune.

Das Instrument in mittlerer Lage mit näselndem Ton:
die **Oboe** (Ob.)

Das Instrument mit großem Tonumfang:
die **Klarinette** (Kl.)

4 Hört BEETHOVENS Thema, das von den einzelnen Holzbläsern gespielt wird. Bestimmt die Instrumente. → CD II|25

5 Auch die Holzbläser betreten hintereinander das Stück: Wie ist die Reihenfolge? Die markierten Takte helfen euch.

WORKSHOP | Musikinstrumente kennen und spielen lernen

Stellt euer Instrumentarium zusammen!

1 Schaut euch die Instrumente auf den Seiten 62–79 an. Welche stehen euch in eurem Musikraum zur Verfügung? Erstellt eine Liste. Welches Instrument spielt ihr schon? Welches würdet ihr gerne mal ausprobieren?

Egal, welche Instrumente ihr in der Schule zur Verfügung habt: Ihr könnt den »Workshop-Song« damit spielen und aufführen! Unterschiedliche Playbacks und unsere Video-Dozenten helfen euch, die einzelnen Instrumenten-Parts zu lernen.
Rechts seht ihr die **Partitur** des Workshop-Songs, in der alle Stimmen untereinander stehen. Die einzelnen Instrumenten-Parts lernt ihr auf den folgenden Seiten kennen.

STEFFEN THORMÄHLEN stellt euch Percussion-Instrumente und das Drumset vor. → DVD

RICHIE ARNDT stellt euch die E-Gitarre vor. → DVD

BERTHOLD BASTEN stellt euch den E-Bass vor. → DVD

ALEX JACOBI und FELIX JANOSA stellen euch Studiotechnik und Möglichkeiten des Keyboards vor. → DVD

Workshop-Song → CD II|26

Musik: Felix Janosa

E-Bass

Das Zupfen der Saiten

1 Der E (Elektro)-Bass wird mit dem Zeige- und dem Mittelfinger der rechten Hand gezupft.
Zupft die E-Saite (die dickste Saite) nur mit dem Zeigefinger der rechten Hand an und lasst sie klingen. Wiederholt dasselbe mit den anderen Saiten. Prägt euch dabei auch die Namen der Saiten ein:
E A D G

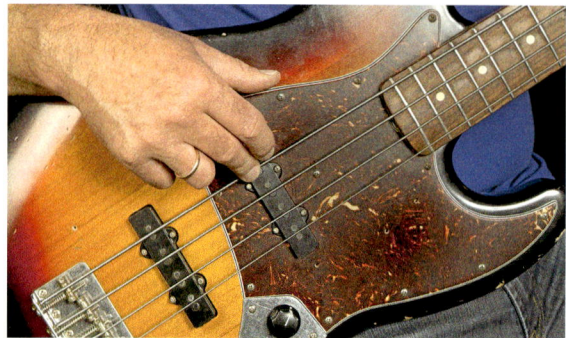

Zeigefinger   Mittelfinger   Z   M   Z   M   Z   M

2 Nun versucht, die leeren Saiten mit Zeige- und Mittelfinger der rechten Hand gleichmäßig im Wechsel zu zupfen (**Wechselschlag**). Der Daumen der Zupfhand stützt sich auf das Instrument oder auf die tiefe E-Saite (die dicke!).
Achtet dabei auf eine gleichmäßige Lautstärke und einen runden, vollen Sound.

3 Wenn ihr alle Saiten von der dicksten bis zur dünnsten nacheinander zupft, klingen sie vielleicht ineinander. Ihr müsst also die Saiten, die gerade nicht gespielt werden, **dämpfen.** → DVD
Das geschieht folgendermaßen: Zupft die G-Saite an, anschließend die D-Saite. Während ihr die D-Saite anzupft, sollten die Finger der linken Hand sich ohne Druck auf die G-Saite legen. Jetzt sollte die D-Saite alleine klingen, denn die G-Saite habt ihr ja gedämpft. Wiederholt diese Übung mit den anderen Saiten.

Drei verschiedene Begleitpatterns → DVD

Saiteninstrumente wie Gitarre oder Bass kann man auf zwei Arten notieren:

A) In **Noten**: Hier muss man wissen, wie die Saiten heißen und auf welchem Bund welcher Ton gegriffen wird:

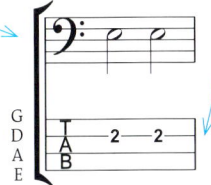

B) Als **Tabulatur**: Die Linien stellen die vier Saiten des Instruments dar (E A D G), die tiefste (E-Saite) liegt unten. Die Zahlen geben an, in welchem Bund man den entsprechenden Ton greifen muss: »O«: Saite leer greifen, »1«: im ersten Bund greifen, »2«: im zweiten Bund greifen usw.

4 Ihr beginnt ganz einfach: In der **Strophe** des Workshop-Songs spielt ihr nur Viertelnoten auf den leeren Saiten. Wisst ihr noch, wie ihr die Saiten dämpft?

Workshop-Song → CD II|27

Musik: Felix Janosa

Strophe

5 In der **Bridge** spielt ihr durchgehende Achtelnoten – eine der häufigsten Begleitungen in der Rockmusik. Spielt alle Noten gleichmäßig und werdet nicht schneller!

Bridge

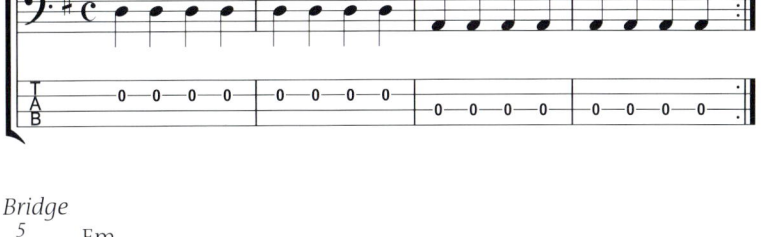

6 Im **Refrain** könnt ihr schon eine kleine Melodie auf dem Bass spielen. Solch eine kleine, sich wiederholende Melodie, nennt man **Riff**. Riffs kommen häufig in Musikstilen wie Blues, Soul oder Jazz vor.

Refrain

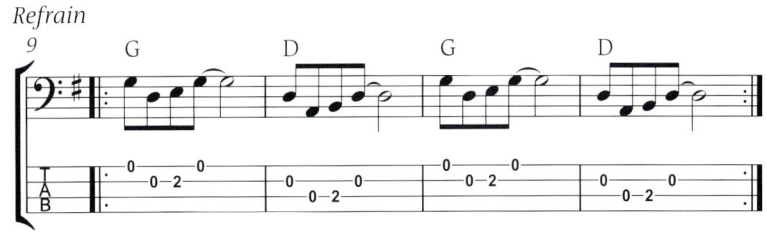

E-Gitarre → DVD

Saiten, Tonabnehmer, Plektrum

1 Die Saiten bei der **E-Gitarre** (Elektro-Gitarre) lauten wie bei der akustischen Gitarre: E A d g h e'. Die Saiten bestehen jedoch nicht aus Nylon, sondern aus Metall. So kann der elektromagnetische **Tonabnehmer** die Schwingung der Saiten abnehmen und in deutlich hörbare Töne umwandeln.
Also: Achtet beim Kauf von Saiten auf den Unterschied.

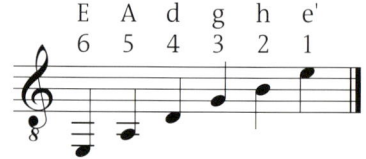

Merkspruch:
Eine **A**lte **D**ame **G**eht **H**ering **E**ssen!

2 Die drei Tonabnehmer befinden sich in der Mitte des Gitarrenkörpers (Korpus). Mithilfe eines **Kippschalters** (Pickup-Switch) könnt ihr wählen, wo die Saiten abgenommen werden: nah am Steg (hellerer Klang) oder weiter weg (vollerer Klang).
Ohne Verstärker könnt ihr kaum etwas von den Saiten hören. Verbindet deshalb für das **Stimmen** der E-Gitarre das Stimmgerät per Klinkenkabel mit der **Klinkenbuchse**.

3 Die Saiten der E-Gitarre werden mit einem **Plektrum**, einem Plättchen aus weicherem oder härterem Kunststoff, angeschlagen.

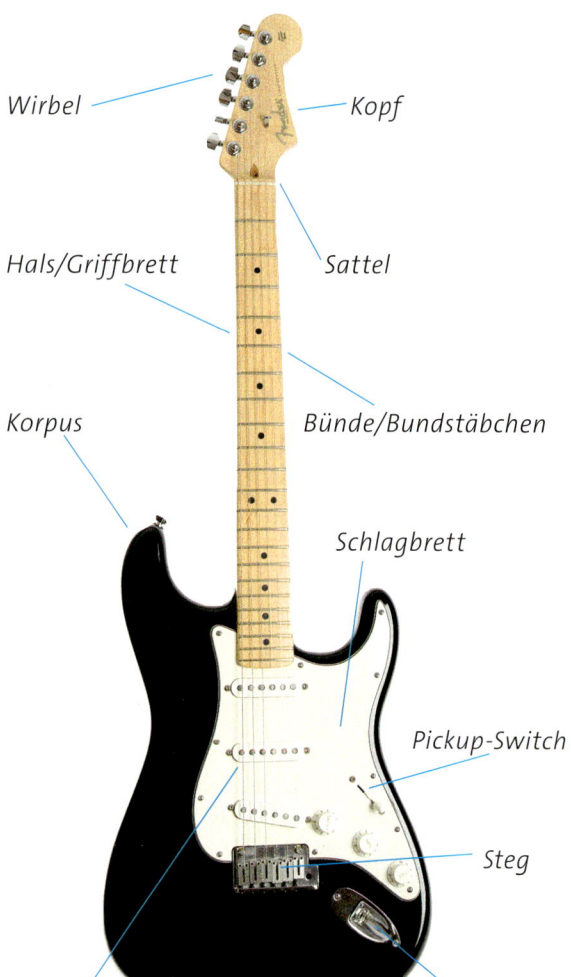

Wirbel
Kopf
Hals/Griffbrett
Sattel
Korpus
Bünde/Bundstäbchen
Schlagbrett
Pickup-Switch
Steg
Tonabnehmer
Kabelbuchse

Verstärker und Power Chords

 An einem Verstärker sind drei Funktionen grundlegend:
- die Regelung der **Lautstärke** (Volume),
- die Regelung des **Klangs** (hell-dunkel) und
- die Regelung des **Verzerrungsgrades** (Overdrive oder Distortion).

Stellt zunächst Lautstärke und Verzerrung auf O. Verbindet die E-Gitarre per Klinkenkabel mit dem Verstärker. Schaltet erst danach den Verstärker ein und dreht die Lautstärke vorsichtig hoch.

Auf dieser Verstärkerleiste sind links zwei Eingänge zu sehen – hier wird die Gitarre angeschlossen. Rechts befinden sind Drehregler für Eingangslautstärke (Gain) und Klangregelung: Treble (Höhen) – Middle (Mitten) – Bass (Tiefen).

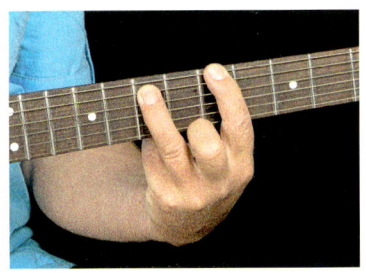

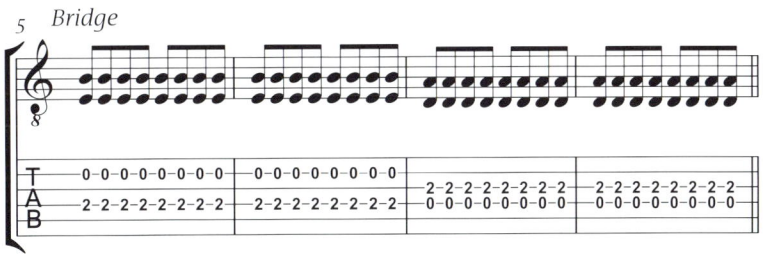 Viele Rockstücke werden auf der E-Gitarre mit **Power Chords** begleitet. Sie bestehen aus Grundton (1. Ton) und Quinte (5. Ton) des jeweiligen Akkords. Ob es sich dabei um einen Dur- oder Moll-Akkord handelt, spielt keine Rolle, weil die Terz (3. Ton) des Akkordes für den typischen Rock-Sound ausgelassen wird.
Lasst euch von anderen helfen, die Power Chords schon kennen.

Workshop-Song → CD II|28

Musik: Felix Janosa

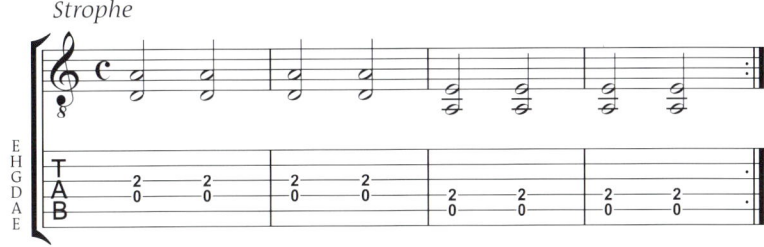

Strophe

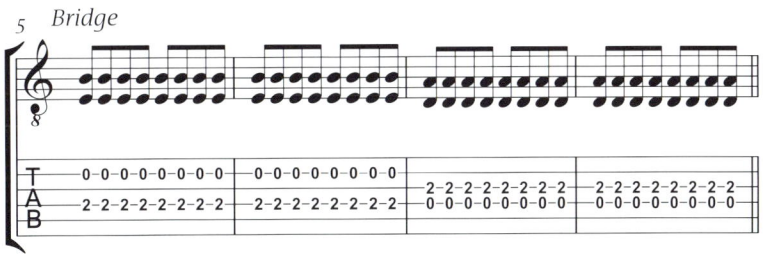

Bridge

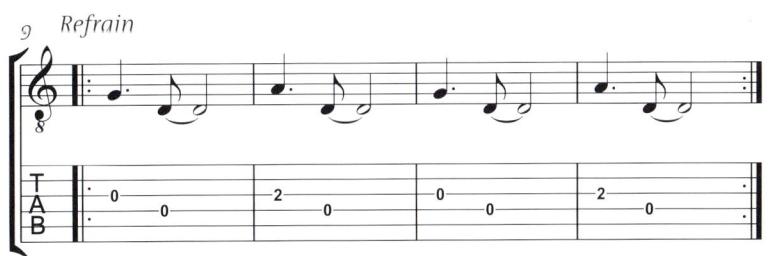

Refrain

Keyboard → DVD

Das Keyboard als Instrumentenersatz

1 Mit einem Keyboard könnt ihr die unterschiedlichsten Sounds als **Presets** (vorinstallierte Grundklänge) anwählen. Vor allem wird es als Ersatz für einen Bass, für fehlende Streichinstrumente oder Bläser eingesetzt. Versucht einmal, zum »Workshop Song« diese einfache »Streicherstimme« (Pad oder String) auf dem Keyboard zu spielen. → CD II|29

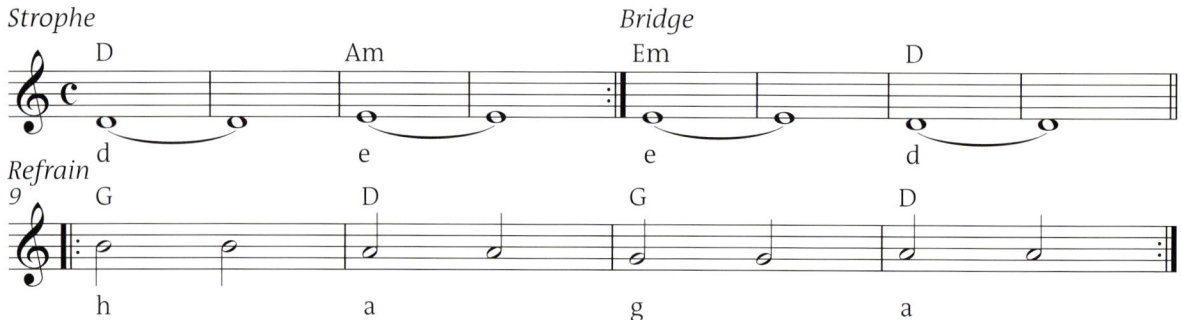

2 Wer schon Erfahrung auf den Tasten hat, wird ein Keyboard als Ersatz für eine Reihe von anderen Tasteninstrumenten benutzen: Klavier (Piano), Cembalo (Harpsichord), E-Piano, Hammond-Orgel oder Orgel (Organ). Probiert diese unterschiedlichen Sounds aus.

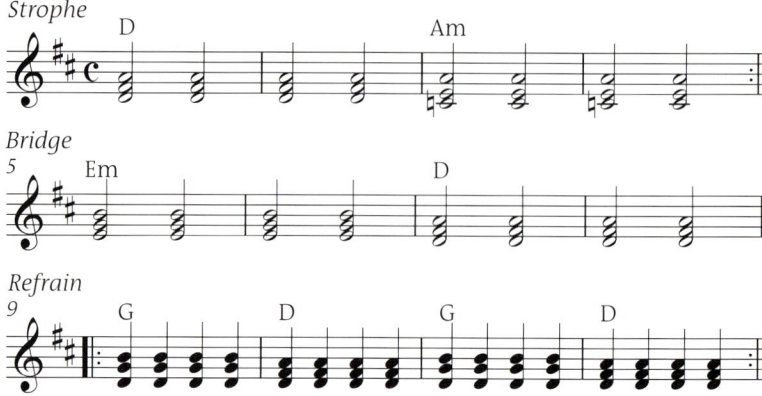

Das Keyboard als komplette Band

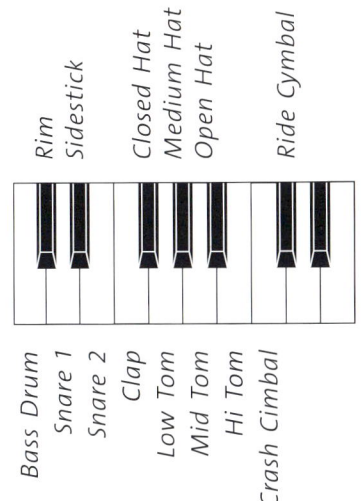

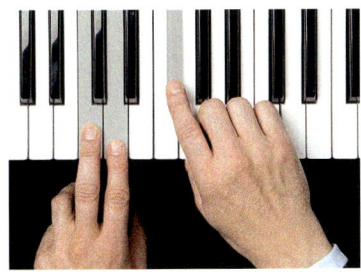

3 Auch das Schlagzeug-Spielen ist auf dem Keyboard möglich. Wenn ihr ein Preset für »Drums« anwählt, stehen euch die meisten gebräuchlichen Schlaginstrumente auf Tastendruck zur Verfügung. Auf jeder Taste könnt ihr ein bestimmtes Schlaginstrument spielen. Links seht ihr, welche Instrumente eines **Drumsets** auf welchen Tasten liegen.
Probiert einen Rhythmus des Workshop-Songs mit zwei Spielern auf dem Keyboard aus! → CD II|30

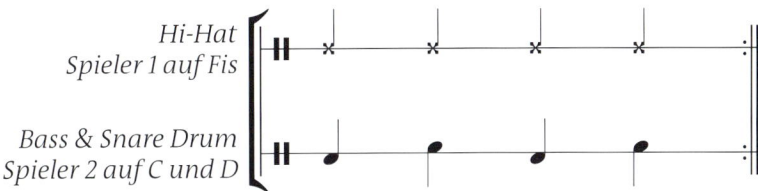

Hi-Hat
Spieler 1 auf Fis

Bass & Snare Drum
Spieler 2 auf C und D

4 Solltet ihr eine komplette Rhythmusgruppe benötigen, spielt das Keyboard auch alleine. Jedes Modell besitzt eine große Auswahl an vorprogrammierten Stilen, z. B. Rock, Pop, Bossa Nova oder Jazz.
Im **Single-Finger-Mode** wird dann eine komplette Begleitautomatik aus Bass, Gitarre und Tasteninstrumenten in Bewegung gesetzt. → DVD

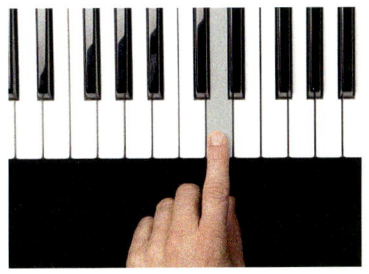

Single-Finger-Mode:
D-Dur-Akkord

Single-Finger-Mode:
a-Moll-Akkord

Umgang mit dem Mikrophon

Die Technik richtig aufbauen

1 **Mikro und Kabel**

Das Mikrophon wird über das passende Kabel (»XLR« oder Stereoklinke) mit der Gesangsanlage verbunden, solange die Anlage noch ausgeschaltet ist.

XLR-Stecker

Wickelt die Kabel nach dem Benutzen in losen Schlingen wieder auf, wickelt sie nicht über den Ellenbogen. Haltet sie nach dem Benutzen mit Kabelbindern zusammen. So halten sie länger!

Klinkenstecker

2 **Das Mischpult und die Boxen**

Mit dem »Trim«- oder »Gain«-Regler stellt ihr die **Eingangslautstärke** so ein, dass das Signal auch bei lauterem Gesang nicht verzerrt, das rote Lämpchen (»Peak«) darf nicht leuchten. Danach könnt ihr am Kanal den **Klang** (»Equalizer«) und die **Effekte** (z. B. Hall) einstellen. Der untere **Lautstärkeregler** (»Fader«) bestimmt, wie laut ihr im Raum zu hören seid. Der **Monitorregler** stellt die Lautstärke für die Box auf der Bühne ein, durch die ihr euch selbst hören könnt.

3 **Der Soundcheck**

Spielt nun ein Stück zusammen und hört auf die Lautstärkenverhältnisse der einzelnen Instrumente untereinander. Um den Raumklang zu überprüfen, braucht ihr einen »Techniker«, der vom Saal aus zuhört und alles passend einstellt. Stellt nun die Monitor-Lautstärke ein. Es ist sehr wichtig, dass ihr euch beim Singen auf der Bühne gut hört, damit ihr die Töne treffen könnt und nicht heiser werdet. Achtung: Beschwert euch, wenn es euch zu laut wird! Pfeifgeräusche und taube Gefühle in den Ohren dürfen nicht vorkommen.

Das Mikro benutzen

4 **Das Mikrophon kennen lernen**
Mikros haben nur einen begrenzten Bereich, in dem sie Klänge aufnehmen können – ihr könnt euch diesen wie ein eiförmiges Feld um die Mikro-Kapsel herum vorstellen. So lernt ihr den Bereich kennen:
Haltet das Mikro gerade in Richtung des Mundes, zählt langsam von 1–10 und entfernt es immer weiter, bis ihr aus dem Empfangsbereich herauskommt. Zählt rückwärts, bis ihr wieder hereinkommt. So könnt ihr auch eure Lautstärke regeln und mit dem Klang des Mikros spielen.

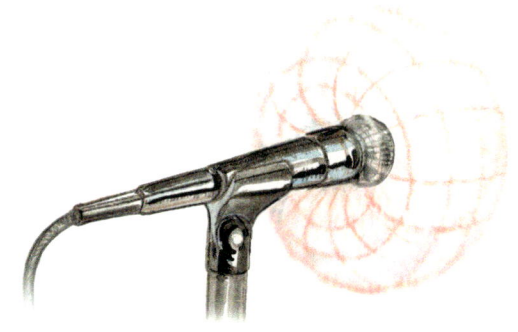

5 **Das Mikro richtig halten**
Wenn ihr das Mikro in Richtung der Boxen haltet, kann es zu einem schrillen Pfeifen kommen – der **Rückkopplung** (»Feedback«). Haltet daher in den Gesangspausen oder beim Bewegen auf der Bühne das Mikro vor dem Körper. Achtet auch beim Singen darauf, die Mikro-Kapsel nicht zu umfassen und nicht auf den Griff zu »klopfen« – beides gibt störende Nebengeräusche.

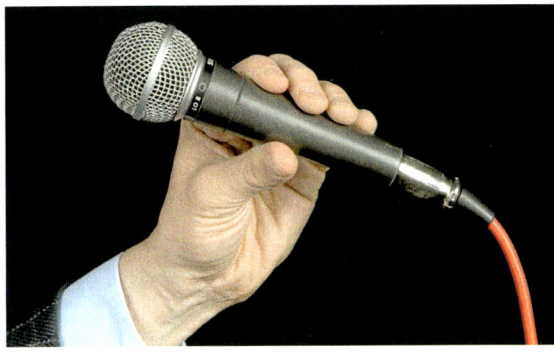

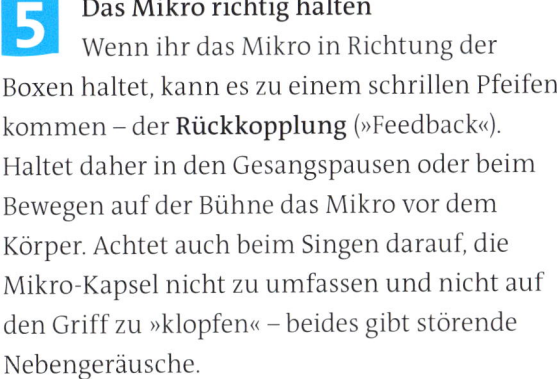

Kleines Soundcheck-Gedicht

Pizza – Pasta - Pfefferminzeis
Hund – Hase – Hose - Heiß
Friede – Freunde - Freudenfest
Soundcheck - Soundcheck
Test – Test – Test

6 **Sprache gut klingen lassen**
Das Mikrophon nimmt die Schallwellen, die ihr mit der Stimme erzeugt, über eine empfindliche **Membran** auf. Bei manchen Lauten wird diese Membran so erschüttert, dass es nicht mehr gut klingt, besonders, wenn ihr pustet oder Konsonanten wie »Sss« oder »P« benutzt. Übt diese Laute besonders, und stellt euch dabei das Mikro als ein empfindliches Ohr vor, dem ihr leise eine spannende Geschichte erzählt. Wenn ihr lauter werdet, nehmt das Mikro (= »Ohr«) einfach etwas weiter weg.

Drumset (1) → DVD

Elemente und Aufbau

Die **Hi-Hat** (wörtlich: »hoher Hut«) besteht aus einem oberen und einem unteren Becken. Sie wird mit dem linken Fuß geöffnet und geschlossen und mit der rechten Hand angeschlagen. In Rock und Pop werden auf der Hi-Hat meist durchgehende Achtel oder Viertel gespielt.

Die Becken werden meist mit der rechten Hand gespielt. Das **Crash-Becken** dient für laute Akzente, oft auf der »1« eines neuen Formteils gespielt. Das **Ride-Becken** wird auch für durchgehende Begleitungen benutzt.

Die **Snare Drum** (kleine Trommel) markiert in Rock und Pop die wichtigen Schläge auf »2« und »4«. Sie wird vor allem mit der linken Hand gespielt.

Die **Bass Drum** (große Trommel) hebt die betonten Schläge eines Rhythmus hervor. Sie wird mit dem rechten Fuß auf der Fußmaschine gespielt.

Die **Toms** (zwei kleine **Hänge-Toms** und das große **Stand-Tom**) werden vor allem in Fill-ins benutzt, die einen neuen Formteil einleiten.

Bei der **Snare Drum** gibt es zusätzlich einen Hebel, mit dem man den **schnarrenden Metallteppich** auf der Unterseite der Trommel lösen und wieder spannen kann. Damit gibt es den typischen Snare-Drum-Klang, ohne Teppich klingt die Trommel eher wie ein Tom.
Wenn ihr nicht spielt, löst den Teppich, sonst summt die Snare-Drum bei anderen Instrumenten mit.

Stock- und Fußhaltung → DVD

1 **Drumsticks in die Hand nehmen**
Haltet die Stöcke mit Daumen und Zeigefinger fest, legt die anderen Finger nur locker um den Stock. Dadurch kann der Stock beim Schlagen des Trommelfells wieder gut zurückfedern.
Nehmt als Übung zwei gleiche Stifte und fasst sie im unteren Drittel wie Drumsticks.

2 **Rechten Fuß aufsetzen**
Eine entspannte Art, die Bass Drum zu spielen: Der ganze Fuß inklusive Ferse ruht auf dem Pedal (Heel Down).
Soll es etwas lauter und rockiger werden, kann man auch folgende Technik anwenden:
Die Ferse ist angehoben und der Schlag auf die Bass-Drum wird durch das kurze Anheben des Beines unterstützt (Heel Up).
Probiert die beiden Techniken zunächst an eurem Platz, dann am Drumset aus.

3 **Haltung einnehmen**
Und so verteilt ihr eure Hände und Füße beim Drumset:
Den **rechten Fuß** auf die Fußmaschine der Bass Drum legen, den **linken Fuß** auf die Fußmaschine der Hi-Hat.
Die **linke Hand** bedient hauptsächlich die Snare Drum.
Die **rechte Hand** überkreuzt die linke Hand und spielt die Hi-Hat. Becken oder Toms werden auch mit der rechten Hand gespielt.
Setzt euch an das Drumset, stellt eure Füße auf die zwei Pedale und probiert es aus.

Drumset (2) → DVD

Der erste Rock-Rhythmus

Natürlich könnt ihr in der Klasse nicht alle gleichzeitig Schlagzeug spielen. Einer darf ans Schlagzeug, die anderen ahmen aber
alle Bewegungen »trocken« nach:

Rechte Hand – Hi-Hat
Rechter Fuss – Bass Drum
Linke Hand – Snare Drum

1 Die Hi-Hat übernimmt bei vielen Rock-Rhythmen gleichmäßig durchlaufende Viertel- oder Achtelnoten.
Wir beginnen mit Viertelnoten. Zählt sie laut mit:

2 Zur Hi-Hat kommt die Bass-Drum hinzu. Spielt auf den
Zählzeiten 1 und 3.

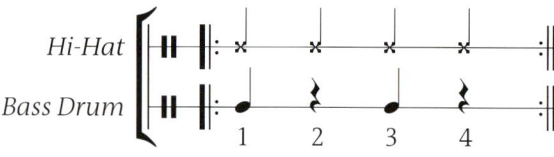

3 Mit den Schlägen der Snare Drum auf 2 und 4 ist euer
erster Rock-Rhythmus komplett.

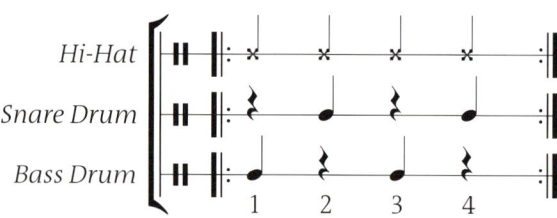

Tipp: Wenn ihr Probleme habt, probiert einfach eine andere Reihenfolge:
Erst Bass-Drum, dann Snare Drum und die Hi-Hat zum Schluss!

Drei verschiedene Rhythmen → DVD

Der Schlagzeuger ist für den zweitaktigen **Anzähler** verantwortlich, der das Tempo und die Taktart bestimmt. Dabei schlägt er die Trommelstöcke gegeneinander:

Eins		Zwei	
Eins	Zwei	Drei	Vier

4 In der **Strophe** spielt ihr den Grundrhythmus, den ihr auf der linken Seite kennen gelernt habt.
Achtet auf das Tempo und werdet nicht schneller!

5 In der **Bridge** wechselt ihr von Viertelnoten auf der Hi-Hat zu Achtelnoten (doppelt so schnell). Alles andere bleibt gleich. Achtet hier darauf, nicht langsamer zu werden!

6 Für den **Refrain** könnt ihr den Rhythmus aus der Bridge nehmen. Die rechte Hand spielt jedoch nun auf dem Ride Becken statt auf der Hi-Hat!
Wer schon etwas Erfahrung auf dem Drumset hat, kann auch unseren dritten Rhythmus probieren.

Workshop Song → CD II|30   Felix Janosa

Tipp: Hört eure Lieblingsmusik und achtet nur auf das Schlagzeug! Um welche Taktart handelt es sich? Könnt ihr das Schlagzeug so gut hören, dass ihr erkennt, auf welchen Zählzeiten Bass Drum und Snare Drum spielen?

Afro-kubanische Percussion → DVD

Kleine Percussion-Instrumente

Seit den 1940er-Jahren sind afro-kubanische Rhythmen wie der Cha-Cha oder der Mambo Teil der internationalen Pop-, Jazz- und Rockmusik (→ CD II|31).
Dabei sind häufig die Instrumente von dieser Doppelseite zu hören.

Besonders erfolgreich seit den 1990er-Jahren: Die AFRO CUBAN ALL STARS

Shaker werden waagerecht auf Höhe des Kinns vor dem Körper vor- und zurück bewegt. Die Bewegungen müssen locker und gleichmäßig sein.

Maracas könnt ihr paarweise in die Hand nehmen und ebenfalls wie einen Shaker bewegen. »Profis« spielen die Maracas mit zwei Händen.

Stellt euch beim **Guiro** vor, ihr würdet mit dem Holzstäbchen »ein Butterbrot schmieren«, bewegt dabei das Stäbchen hin und her.

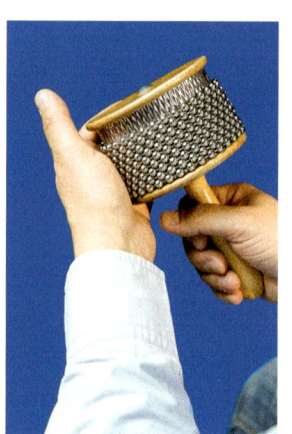

Bei der **Cabasa** liegt der Kranz mit Metallkugeln in der linken Hand, die rechte dreht am Stiel.

Die **Cowbell** (Kuh-glocke) spielt man mit dem dicken Ende eines normalen Trommel-stocks, an der Öffnung oder auf der Seite der Glocke.

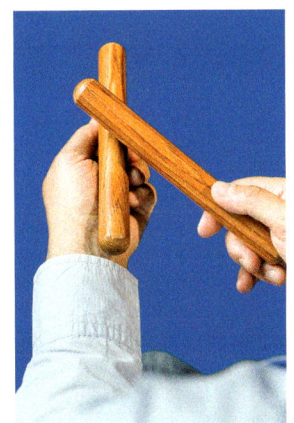

Beim Spiel der **Claves** bildet die linke Hand einen Hohlraum, ein Stab liegt auf den Fin-gern, mit dem anderen Stab wird geschlagen.

Bongos können zum Spielen zwischen die Knie geklemmt werden. Einfacher ist es jedoch, wenn ihr sie auf einem Ständer befestigt. Die größere Trommel befindet sich rechts. Die Felle werden mit Zeige- und Mittelfinger angeschlagen – die Hände sollten dabei ganz locker bleiben.

Sonando

Ray Terrace

1 Spielt zum Cha-Cha »Sonando« diese Rhythmen mit. → CD II|32

Congas → DVD

Die Grundschläge auf der Conga

Congas sind afrikanischen Ursprungs, die heutige Form der Instrumente stammt aber aus Kuba. Die tiefe heißt **Tumba**, die mittlere **Conga** und die hohe **Quinto**.
Eure Grundübungen macht ihr auf einer einzigen Trommel!

1 Beim **offenen Schlag** streckt ihr eure Hand und trefft das Fell mit geschlossenen Fingern am Rand der Trommel. Eure Finger bleiben nicht liegen. Es entsteht ein lang klingender, runder, offener Sound.

2 Beim **Bass-Schlag** trifft eure ganze ausgestreckte Hand die Mitte des Fells und bleibt dort kurz liegen. Der Daumen liegt an der Hand an. Es entsteht ein tiefer, dumpfer Ton.

3 Der **Slap** ist ein hoher, scharfer und kurzer Sound. Ihr könnt einen einfachen Slap erzeugen, indem eure linke Hand das Fell am Rand abdämpft und die rechte Hand mit Schwung auf den Rand des Fells schlägt. Die Hand ist leicht gewölbt, der Ton wird mit den Fingerspitzen erzeugt.

4 Beim **Tip** liegt die Hand auf dem Fell, die Fingen tippen beim Anheben kurz das Fell mit den Kuppen an. Bass-Schlag und Tip können zu einer **Wippe** kombiniert werden: Zuerst trifft eure Hand die Mitte des Fells und spielt den Bass, beim Hochheben erzeugt ihr einen Tip.

Tumbao

5 Los geht es mit eurem ersten Rhythmus auf den Congas, einer einfachen Form des **Tumbao**! Er ist der am häufigsten benutzte Conga-Rhythmus.

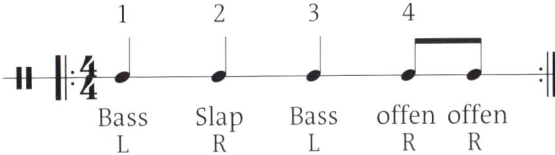

Eure linke Hand bleibt nach dem ersten Schlag (1) liegen, so dass der Slap auf der zweiten Zählzeit (2) leicht gelingen kann. Stehen euch zwei Congas pro Spieler zur Verfügung, wird die vierte Zählzeit (4) mit der rechten Hand einmal auf der höheren, bei der Wiederholung auf der tiefen Conga gespielt.

6 Wenn ihr den Bass-Schlag mit der linken Hand zu einer Wippe (Bass und Tip kombiniert) erweitert, habt ihr eine tolle Variation eures ersten Tumbao-Schlages.

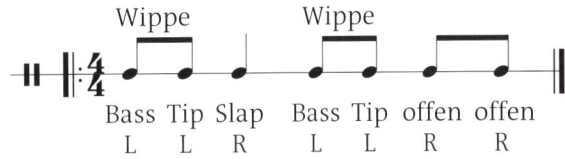

Sonando

Ray Terrace

7 Übt die beiden Conga-Rhythmen und die afro-kubanische Percussion zunächst langsam und spielt sie dann zu »Sonando« von PONCHO SANCHEZ mit. → CD II|32, → DVD

Afro-brasilianische Percussion → DVD

Samba Batucada

Dies sind die Instrumente der **Samba Batucada** (=geschlagene Samba), der Musik des brasilianischen Straßenkarnevals.

Die Surdo macht:

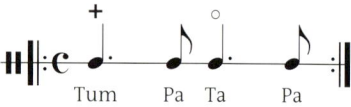

Tum   Pa Ta   Pa

Ganza und Caixa machen:

Ta Ke Schi Ka Ta Ke Schi Ka

Ganzas sind die brasilianischen Shaker.

Die **Agogo** ist eine Doppelglocke mit einem hohen und einem tiefen Ton. Spielt sie mit einem dünnen Trommelstab. Bei manchen Agogos kann man die beiden Glocken zusammendrücken und einen weiteren Ton erzeugen.

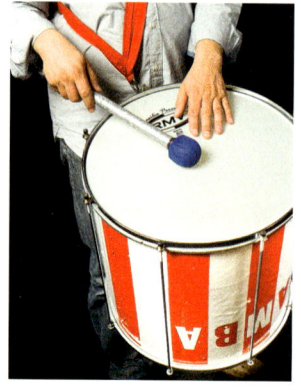

Das **Tamborim** ist eine kleine Handtrommel, die mit einem dünnen Stock gespielt wird. Die linke Hand kann den Ton durch Druck an der Rückseite des Fells dämpfen.

Die **Surdo** ist das Bass-Fundament der Straßen-Samba. Die rechte Hand schlägt mit einem weichen Schlägel, die linke Hand dämpft bei den mit (o) markierten Schlägen ab. Ihr könnt anstelle der Surdo auch ein Stand-Tom benutzen.

Die **Caixa** (sprich: Kaischa) ist die brasilianische Snare Drum und wird mit gewöhnlichen Trommelstöcken gespielt.

Die **Apito** ist die Signalpfeife des Vortrommlers für Breaks und neue Formteile.

Kleine brasilianische Percussion-Instrumente

 **Caxixis** (sprich: Kaschischis) werden links und rechts gehalten und für Betonungen abwärts geschüttelt.

 Die **Shekere** (sprich: Schekere) ist ein Shaker in Kürbisform. Das lockere Perlennetz wird gegen den Kürbis geschlagen.

Das **Reco-Reco** wird wie das Guiro (→ S. 74) mit einem Stab geschrappt. Reco-Recos sind aus Holz oder aus Metall.

Das **Triangel** wird mit Wechsel zwischen gedämpften (o) und ungedämpften (+) Schlägen gespielt. Ihr dämpft das Triangel in dem ihr das Metall-Dreieck mit der linken Hand umfasst.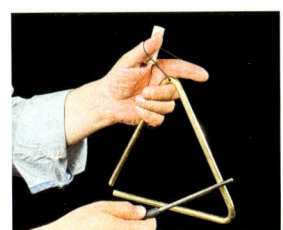

Samba contigo → CD II|33

Musik: Felix Janosa

Musikalische Grundlagen

Intervalle

Pentatonik

c d e g a

Tempo

Halbtonschritt

Songwriting

Moll-Dreiklang

Violin- und Bassschlüssel

Metronom

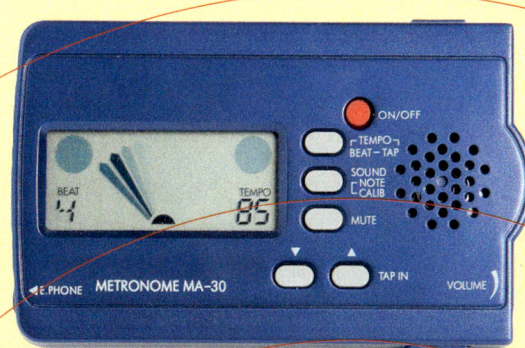

Musik am Computer

Tempo – Tempo

Tempoangaben früher

Diese Melodie kennt ihr bestimmt als Klingelton oder aus einer Telefonschleife: Den Anfang der berühmten g-Moll-Sinfonie von WOLFGANG AMADEUS MOZART (1756–1791). Doch so kurz wie ein Klingelton ist das Stück gar nicht – der erste Satz der Sinfonie dauert immerhin sieben oder acht Minuten – je nach Tempo!

1 » Molto Allegro« schrieb MOZART in Handschrift über den ersten Satz dieser Sinfonie. Das heißt übersetzt: »sehr heiter, sehr lustig (Bedeutung: sehr schnell)«.
Hört euch drei unterschiedliche Fassungen der g-Moll-Sinfonie an. Welche ist die a) schnellste Einspielung und b) langsamste Einspielung? Welche der drei Fassungen passt eurer Meinung nach am besten zu MOZARTS Tempoangabe? Welches ist eure Lieblings-Version? Begründet eure Meinung. → **CD II|34–36**

i Die wichtigsten Tempobezeichnungen aus dem Italienischen lauten:

Largo	= breit, sehr ruhig
Adagio	= bequem, gemütlich (ruhig)
Andante	= gehend
Allegretto	= ein wenig heiter (nicht ganz so schnell)
Allegro	= heiter, lustig (schnell)
Allegro molto	= sehr heiter/lustig (schnell)
Allegro assai	= ziemlich schnell
Presto	= sehr schnell

2 Hört euch nun die Anfänge der Sätze 2–4 an (→ **CD II|37–39**). Die Tempobezeichnungen von MOZART lauten:

Allegretto
Andante
Allegro assai

Welcher Satz passt zu welcher Tempo-Bezeichnung?

Tempoangaben heute

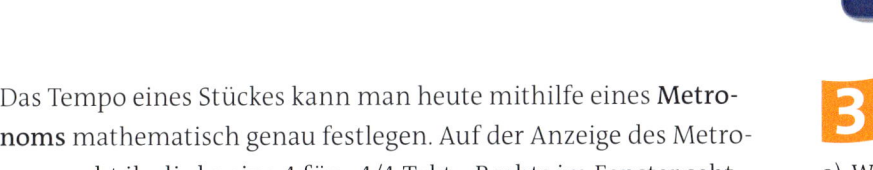

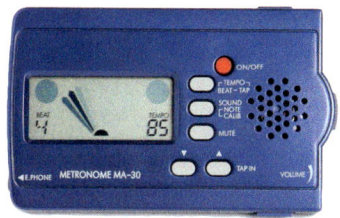

i

Die **Metronomzahl** gibt die Anzahl der Schläge in der Minute wieder.

Das Tempo eines Stückes kann man heute mithilfe eines **Metronoms** mathematisch genau festlegen. Auf der Anzeige des Metronoms seht ihr links eine 4 für »4/4-Takt«. Rechts im Fenster seht ihr die **Metronomzahl**.
Sie bezieht sich normalerweise auf eine Viertelnote:
Viertel = 85 (Schläge pro Minute)
Eine andere Schreibweise kommt aus dem Englischen:
bpm = 85 (beats per minute)

In einem Musikprogramm wie zum Beispiel dem Music Maker werden Musikbausteine (**Samples**) auf dem Computer nach festem Tempo sortiert. So kann man innerhalb einer Sound-Kategorie die Samples perfekt zusammenbauen.

3 Überlegt:
a) Wenn der Sekundenzeiger eurer Uhr das Tempo angeben würde, wie hoch wäre dann die Metronomzahl?
b) Das Metronom zeigt 120. Wie viel Schläge macht es in 15 Sekunden?
c) Das Metronom macht 50 Schläge in 30 Sekunden. Wie hoch ist die Metronomzahl?

Disco House bpm = 125

Hip-Hop bpm = 90

Techno Trance bpm = 140

4 Versucht euch die drei Tempi für Hip-Hop, Disco House und Techno Trance gut einzuprägen (→ CD II|40–42). Macht am besten ein paar Armbewegungen, damit ihr wisst, wie sich das Tempo anfühlt. Schätzt danach das Tempo weiterer Tonbeispiele: 90, 125 oder 140 bpm? → CD II|43–45

Notenwerte

Pink Floyd – »Time«

Der englische Tonmeister ALAN PARSONS (*1948) war mit seinem Aufnahmegerät in verschiedene Antiquitätenläden Londons gegangen. Doch kaufen wollte er nichts – nur den Klang verschiedener Standuhren aufnehmen! Er fügte die Geräusche zusammen und spielte das Tonband den Musikern der Rockgruppe PINK FLOYD vor.

Die Musiker waren begeistert: Sie machten die Uhren zum **Intro** (Einleitungsteil) ihres Songs »Time«.

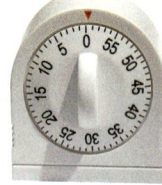

1 Hört euch das 30-sekündige Intro des Songs mehrmals an. Wie viele unterschiedliche Uhren könnt ihr hören? Ordnet die Geräusche den abgebildeten Uhrentypen zu. Was nehmt ihr am Ende des Ausschnitts wahr? → CD II|46

Ein musikalisches Uhrwerk

2 Probiert das musikalische Uhrwerk zunächst ohne die Aufnahme von PINK FLOYD aus. Klopft dazu alle mit der Spitze des rechten Fußes den Grundschlag:
»eins« »zwei« »drei« »vier«

3 Schnippst zudem mit den Fingern auf den Zählzeiten »zwei« und vier«. Wer nicht schnipsen möchte, kann auch leise klatschen.

4 Baut darauf nun euer Uhrwerk Schritt für Schritt auf:
Es beginnt die Gruppe 1 mit den **Achtelnoten**, Gruppe 2 kommt mit den **Viertelnoten** hinzu. Wenn euer Uhrwerk regelmäßig läuft, vervollständigen die nächsten beiden Gruppen das Uhrwerk: Gruppe 3 mit den **Halben Noten** und Gruppe 4 mit den **Ganzen Noten**.

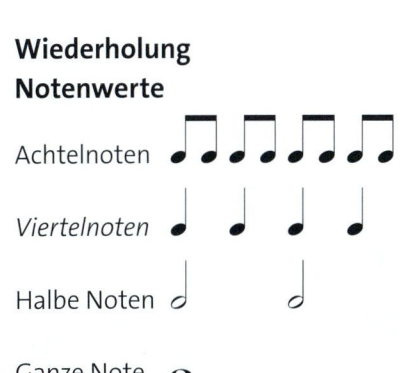

Wiederholung Notenwerte

Achtelnoten

Viertelnoten

Halbe Noten

Ganze Note

Time – Ein musikalisches Uhrwerk

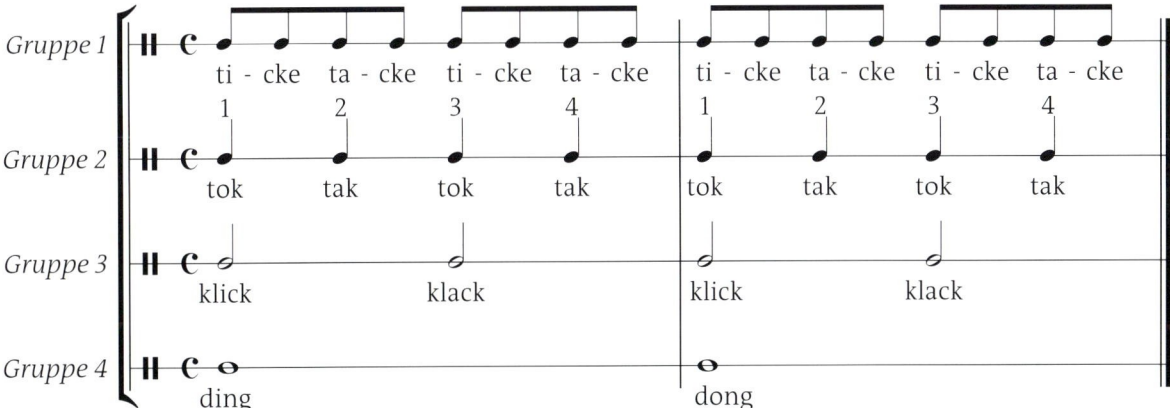

Gruppe 1 — ti - cke ta - cke ti - cke ta - cke ti - cke ta - cke ti - cke ta - cke
1   2   3   4   1   2   3   4

Gruppe 2 — tok tak tok tak tok tak tok tak

Gruppe 3 — klick klack klick klack

Gruppe 4 — ding dong

5 Nun geht es los zur Aufnahme:
Zunächst hört ihr die Uhren. Nach etwa einer halben Minute hört ihr ein Klopfen und einen »Herzschlag«. Klopft ihn mit dem Fuß mit. Nun könnt ihr beginnen, euer Uhrwerk Gruppe für Gruppe aufzubauen.
Wenn der Gesang beginnt, endet euer Uhrwerk.
→ CD II|47

Synkopen und Triolen

Stepptanz mit Getränkebechern

Der Stepptanz war in den 1930er- bis 1950er-Jahren sehr populär –
in berühmten US-Tanzfilmen dieser Zeit kann man sehen, wie
FRED ASTAIRE oder GENE KELLY wahre Kunststücke mit den
Füßen vollbringen!
Der Sound der Schuhe entsteht durch besondere Metallleisten
unter der Sohle am Absatz und an der Spitze. → CD II|48

1 Ahmt den Stepptanz-
Sound mit Plastik-
Trinkbechern nach! Nehmt
einen Becher in jede Hand
und klopft mit der Öffnung
nach unten auf den Tisch.

2 Die erste Gruppe klopft mit den Bechern einen durchgehenden Puls (Metrum):

Metrum
(durchgehender
Puls)

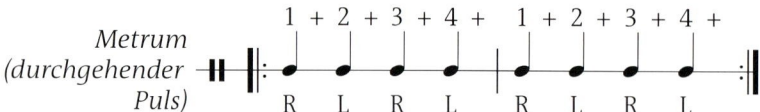

Die zweite Gruppe arbeitet (wie Stepptänzer) mit besonderen
Rhythmen, den **Synkopen**:

Rhythmus

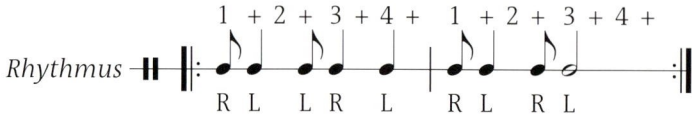

i

Eine **Synkope** ist die musikalische Betonung einer
unbetonten Taktzeit, z. B.
die Zählzeiten 1+ oder 2+

Breaks für die Triolen

3 Diesmal klopft die erste Gruppe keinen durchgehenden Puls, sondern macht **Breaks**: Pausen für Tänzer oder Musiker.

Metrum (durchgehender Puls)

R L R L R L R L

Die Schüler der zweiten Gruppe klopfen in diesen Pausen **Triolen**:

Rhythmus

L R L R L R L R

4 Spielt das Stück »Stepdance Rag« auf Instrumenten und mit euren Bechern zum Playback mit – die Becher klopfen den Rhythmus der Melodie.

Triolen entstehen durch die gleichmäßige Drittelung eines Notenwertes.

Drei **Achtel-Triolen** haben zusammen den Wert einer Viertelnote.

Drei **Viertel-Triolen** haben zusammen den Wert einer halben Note.

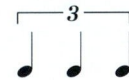

Stepdance Rag → CD II|49

Musik: Felix Janosa

Wiederholung: Noten lesen und verstehen

Notensystem, Taktart, Schlüssel und Lautstärken

Menuett – Mitspielsatz → CD II|50

Musik: Joseph Haydn
Satz: Felix Janosa

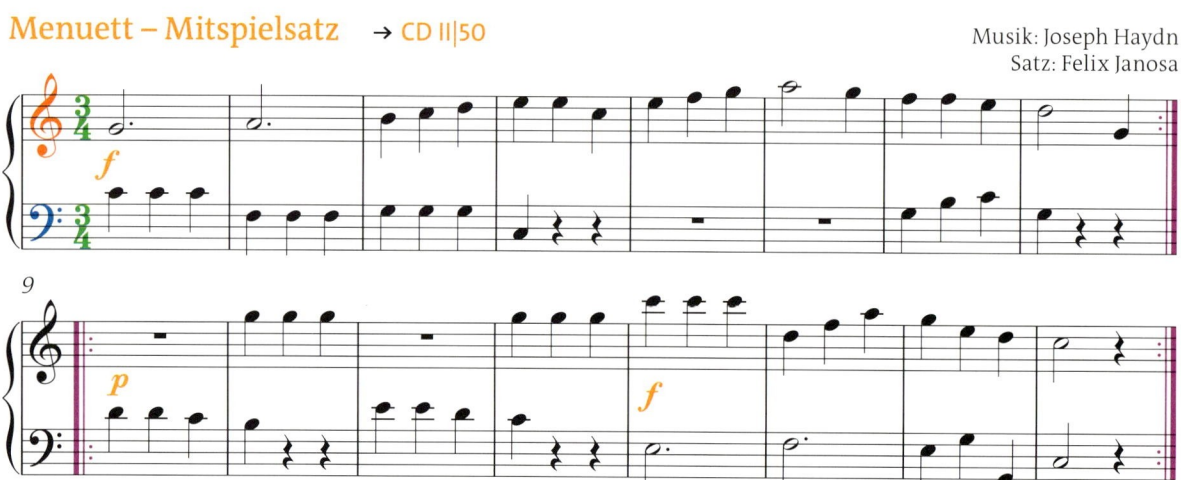

Dieser Mitspielsatz zu einem Klavier-Menuett von JOSEPH HAYDN (1732–1809) ist in zwei **Notensystemen** notiert. Die rechte Hand wird im **Violinschlüssel** aufgeschrieben, die linke Hand im **Bass-Schlüssel.**

1 Nehmt Notenpapier und schreibt eine Zeile mit Violinschlüsseln und eine Zeile mit Bass-Schlüsseln. Beginnt den Violinschlüssel auf der zweiten Linie von unten, den Bass-Schlüssel auf der zweiten von oben.

i

Bei Noten in der unteren Hälfte eines Notensystems liegt der Notenhals rechts am Notenkopf und geht nach oben. Bei Noten in der oberen Hälfte eines Notensystems liegt der Hals links und geht nach unten.

Die **Taktart** dieses Stückes nennt man ¾- (»Drei-Viertel«-)Takt: Jeder Takt hat drei Viertel-Schläge.

Befinden sich Noten innerhalb der **Wiederholungszeichen,** werden sie einmal wiederholt.

2 Wie viele Takte ist das Menuett auf S. 88 lang, wenn man alle Wiederholungen mitzählt?

3 In welchem Takt (Taktnummer angeben!) taucht das Zeichen für »forte« zum zweiten Mal auf?

Die Buchstaben f, p geben die **Lautstärke** an. Es sind die Anfangsbuchstaben italienischer Bezeichnungen.

p = piano   = leise
mf = mezzoforte = mittlere Lautstärke
f = forte   = stark, kräftig, laut
ff = fortissimo = ganz laut

Violin- und Bass-Schlüssel

4 Schaut euch die ersten beiden Töne im Violinschlüssel und den ersten Ton im Bass-Schlüssel an: Auf welchen Tasten liegen sie?

Für die ganz hohen Töne kann man **Hilfslinien** benutzen.

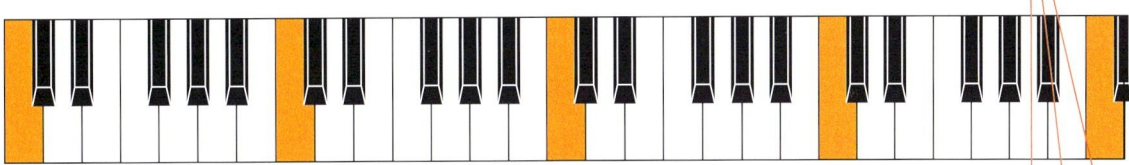

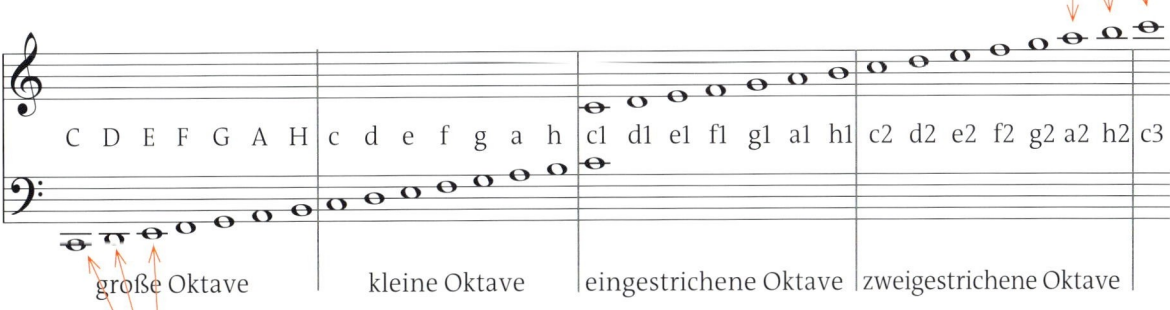

C D E F G A H   c d e f g a h   c1 d1 e1 f1 g1 a1 h1   c2 d2 e2 f2 g2 a2 h2 c3

große Oktave | kleine Oktave | eingestrichene Oktave | zweigestrichene Oktave

Auch für die Töne ganz unten werden **Hilfslinien** verwendet.

5 Begleitet das Menuett von HAYDN.
Überlegt vorher: Welche Instrumente können die Töne im Violinschlüssel übernehmen, welche die im Bass-Schlüssel?
→ CD II|50

Tonleitern mit fünf und sieben Tönen

Dur-Pentatonik

Eine **Tonleiter** (Skala) ist eine auf- und absteigende Folge von Tönen. Sie beginnt mit dem **Grundton**.

Straight ahead   → CD II|51

Musik: Felix Janosa

1 Für die Melodie dieses Stückes braucht ihr nur fünf Töne. Spielt das Thema auf Tasten, Stabspielen und anderen Instrumenten zum Playback mit. → **CD II|52**

2 Nach dem Thema und seiner Wiederholung ist auf dem Playback Platz zum **Improvisieren**, das heißt, ihr könnt hier eigene kleine Melodien erfinden. Jeder der fünf Töne klingt dabei gut! Legt eine Reihenfolge für eure Soli fest.

Eine Tonleiter, die aus fünf Tönen besteht, wird **pentatonische Tonleiter** genannt. Die **Dur-Pentatonik** besteht aus dem ersten, zweiten, dritten, fünften und sechsten Stammton (→ S. 92).

Tipp: Auf Tasten oder Klangstäben kann man die »verbotenen« weißen Tasten markieren. So kann euch kein Ausrutscher auf einen »falschen« Ton passieren.

Dur-Tonleiter

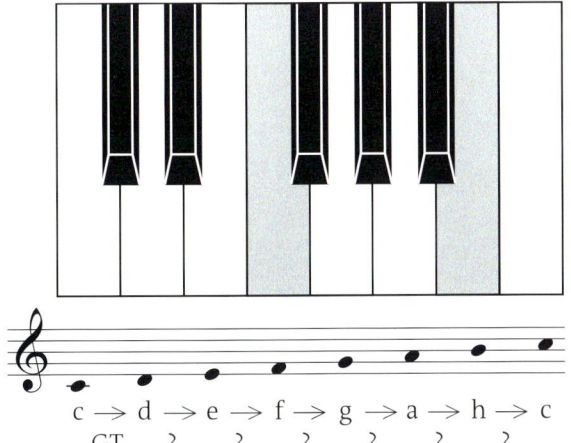

c → d → e → f → g → a → h → c
GT   ?   ?   ?   ?   ?   ?

Wenn ihr zur pentatonischen Skala noch den vierten und siebten Stammton ergänzt, ergibt sich die C-Dur-Tonleiter.

i

Die Skala mit den **Stammtönen** nennt man **C-Dur-Tonleiter.**

GT = Ganztonschritt

HT = Halbtonschritt

3 Überlegt, wie Ganzton- und Halbton-schritte aufgebaut sind (→ S. 92) und knackt dann den »Code« der Dur-Tonleiter: In welcher Reihenfolge wechseln sich Ganzton-schritte und Halbtonschritte ab?

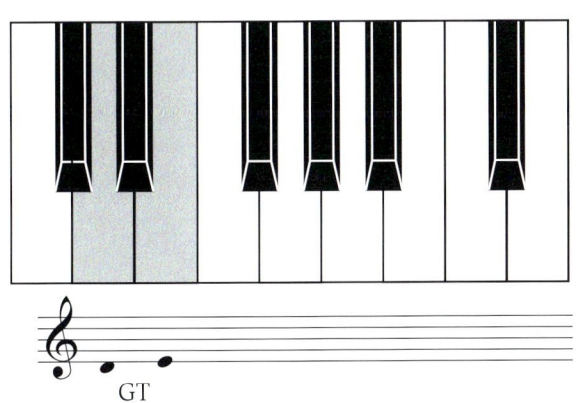

GT

4 Mit diesem Code könnt ihr auf jedem an-deren Ton auch eine Dur-Tonleiter bauen. Probiert dies auf Notenpapier einmal vom Ton d aus. → MB

Alle zwölf Töne kennen lernen

Chromatische Tonleiter, Halb- und Ganztonschritte

Auch wenn die schwarzen Tasten eines Klaviers kleiner sind als die weißen: Alle Klaviertasten sind gleichberechtigt. Von einer Taste zur nächsten ist es immer der gleiche musikalische Abstand.
→ MB

Die kleinsten Schritte in unserem Tonsystem heißen **Halbtonschritte**. Die Halbtonschritt-Leiter mit allen zwölf Tönen unseres Tonsystems heißt **chromatische Tonleiter**.

Halbtonschritt:
keine Taste dazwischen!

Ganztonschritt:
eine Taste dazwischen!

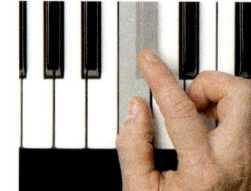

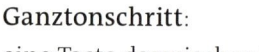

Die Namen der schwarzen Tasten werden von den Namen der weißen Tasten, den **Stammtönen**, abgeleitet. Bei ♯-**Vorzeichen** wird ein -is an den Notennamen angehängt, bei ♭-**Vorzeichen** ein -es (Ausnahmen: es, as und b). Also hat jede schwarze Taste zwei Bezeichnungen!

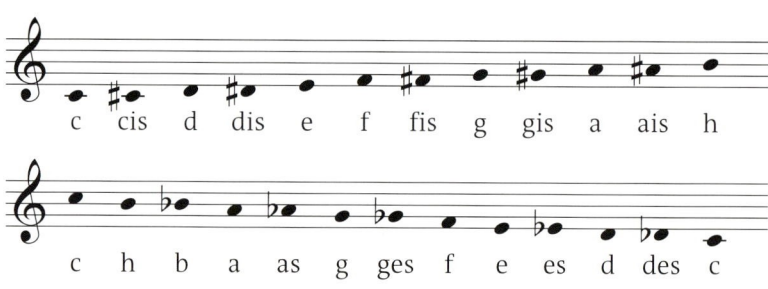

c cis d dis e f fis g gis a ais h

c h b a as g ges f e es d des c

Vorzeichen ♯ (Erhöhung)

Vorzeichen ♭ (Erniedrigung)

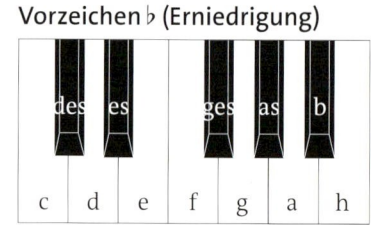

Twelve Ghosts – Schaurig schön

1 Zum Mitspielen bei »Twelve Ghosts« benötigt ihr Instrumente, die alle zwölf Töne besitzen. Am einfachsten ist dies auf dem Klavier oder auf dem Keyboard.
Im ersten Teil des Stückes spielt ihr dabei von c' bis c'' aufwärts, im zweiten Teil von c'' bis c' abwärts.
Wenn ihr chromatische Xylophone oder Glockenspiele habt, könnt ihr das Stück auch darauf zum Hörbeispiel mitspielen. → **CD II|53**

Twelve Ghosts → CD II|53

Musik: Felix Janosa

2 Auch auf der Gitarre ist das Mitspielen zu »Twelve Ghosts« nicht schwer: Nehmt dafür nur die H-Saite, die zweitdünnste Saite. Beginnt mit dem Zupfen im 1. Bund und geht Bund für Bund aufwärts. Im zweiten Teil des Stückes fangt ihr im 13. Bund an und rückt wieder Bund für Bund nach unten.

Praktisch: Auf der Gitarre ist jeder Schritt von Bund zu Bund ein Halbtonschritt!

Intervalle

Wiederholung Grund-Intervalle

Den Abstand zwischen zwei Tönen nennt man
Intervall. Ein Intervall wird in Tonschritten
gemessen.
Zum Messen hat man die sieben **Stammtöne**
genommen und den Intervallen lateinische
Namen gegeben.
Ihr könnt also durch einfaches Zählen die Inter-
valle bestimmen.

Sekunde	=	vom 1. zum 2. Stammton
Terz	=	vom 1. zum 3. Stammton
Quarte	=	vom 1. zum 4. Stammton
Quinte	=	vom 1. zum 5. Stammton
Sexte	=	vom 1. zum 6. Stammton
Septime	=	vom 1. zum 7. Stammton
Oktave	=	vom 1. zum 8. Stammton

1 Spielt »Intervalle« zum Playback mit und ergänzt die feh-
lenden Intervall-Namen ab Takt 7. → CD II|54, DVD, MB

Intervalle → CD II|54

Musik: Felix Janosa

Große und kleine Intervalle

Folgende Intervalle, die ihr mit den Stammtönen gebildet habt, heißen »groß«:

große Sekunde   **große Terz**

große Sexte   **große Septime**

Wenn ihr sie um einen Halbton erniedrigt, heißen sie »klein«:

Die Ausnahme ist der **Tritonus**, das Intervall mit drei Ganztonschritten.

Er heißt entweder **übermäßige Quarte** oder **verminderte Quinte**, je nachdem, von welchem Intervall aus er gebildet wird, von der **reinen Quarte** oder der **reinen Quinte**.

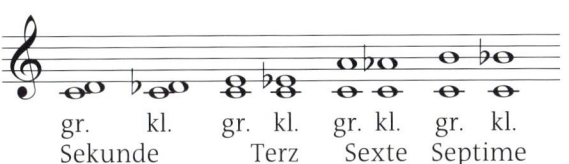

gr. kl.   gr. kl.   gr. kl.   gr. kl.
Sekunde   Terz   Sexte   Septime

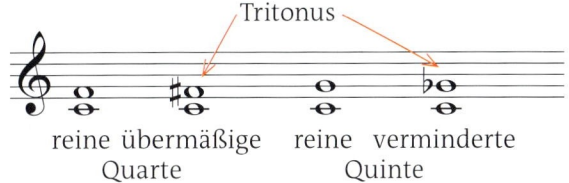

reine übermäßige   reine verminderte
Quarte   Quinte

Ihr könnt alle große und kleine Intervalle durch die Anzahl der Halbtonschritte bestimmen. Dabei müsst ihr alle Tasten mitzählen, weiße und schwarze.

2 Sortiert alle Intervalle nach ihrer Größe von klein bis groß und schreibt ihre Namen dazu. → MB

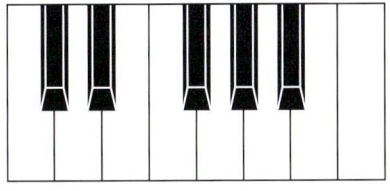

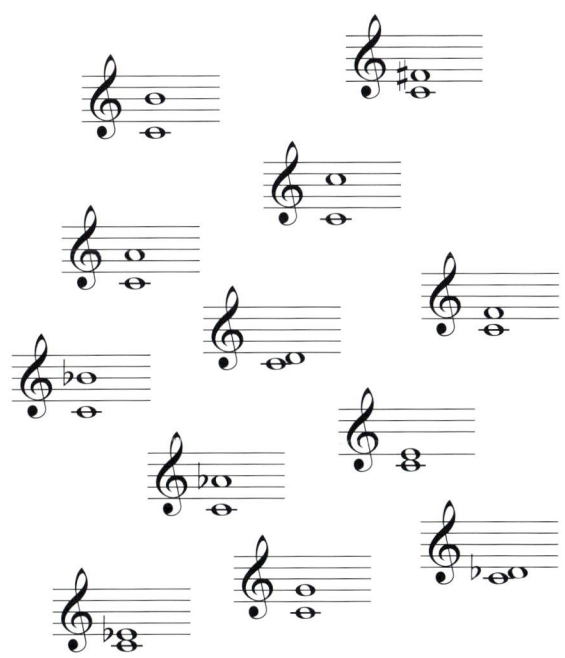

kleine Sekunde =   1 Halbtonschritt gehen
große Sekunde =   2 Halbtonschritte gehen
kleine Terz   =   3 Halbtonschritte gehen
große Terz   =   4 Halbtonschritte gehen
reine Quarte   =   5 Halbtonschritte gehen
Tritonus   =   6 Halbtonschritte gehen
reine Quinte   =   7 Halbtonschritte gehen
kleine Sexte   =   8 Halbtonschritte gehen
große Sexte   =   9 Halbtonschritte gehen
kleine Septime = 10 Halbtonschritte gehen
große Septime = 11 Halbtonschritte gehen
Oktave   = 12 Halbtonschritte gehen

Dreiklänge in Dur und Moll

Unterschied zwischen Dur und Moll

1 Einen Dreiklang auf einem Tasteninstrument zu greifen, ist einfach:
Legt die Finger eurer rechten Hand ganz entspannt auf die Tasten.
Gebt nun Druck auf den Daumen (erster Finger), Mittelfinger (dritter Finger) und kleinen Finger (fünfter Finger). Der unterste Ton eines Dreiklangs ist der **Grundton**, der Namensgeber. Welchen Grundton hat der abgebildete Dreiklang?

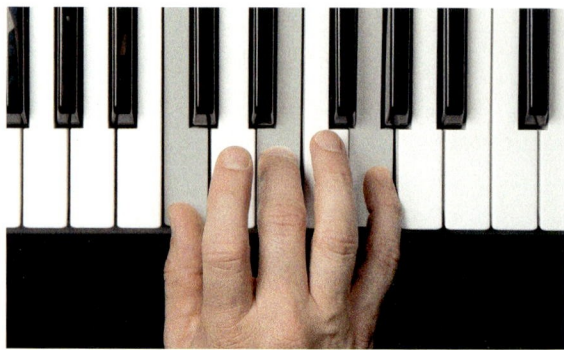

2 Greift nun auch weitere Dreiklänge auf den weißen Tasten mit genau der gleichen Fingerhaltung. Die Hand wird dafür einfach Taste für Taste nach rechts verschoben. Bei welchen Dreiklängen befinden sich drei leere Tasten zwischen Daumen und Mittelfinger, bei welchen nur zwei?
Zählt auch die schwarzen Tasten mit.

Die Dreiklänge auf den sieben Stufen

I   II   III   IV   V   VI   VI

3 Die Dreiklänge mit dem größeren Abstand zwischen Daumen und Mittelfinger (große Terz = drei leere Tasten) nennt man **Dur-Dreiklänge**, die mit dem kleineren Abstand (kleine Terz = zwei leere Tasten) Moll-Dreiklänge.
Spielt euch nun nur die Dur-Dreiklänge vor. Danach nur die **Moll-Dreiklänge**.
Könnt ihr einen Unterschied in der Art des Klanges feststellen? Beschreibt ihn.

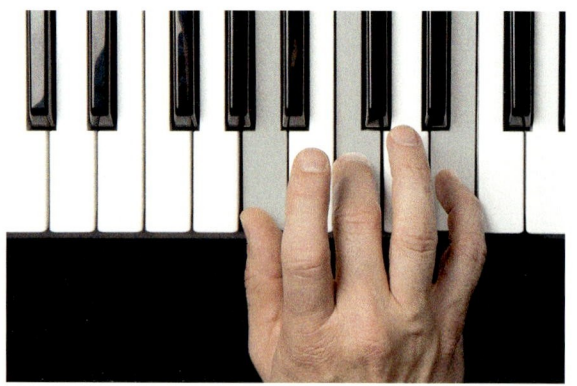

4 Welchen Grundton hat der Akkord auf dem unteren Foto? Handelt es sich um einen Dur- oder um einen Moll-Dreiklang?

Musizieren mit den Dreiklängen auf den sieben Tonstufen

5 Das Stück »Triads« (engl. = Dreiklänge) besteht aus einer
Kette von Dreiklängen, wie ihr sie bereits ausprobiert habt.
Es reicht, wenn ihr zunächst nur den ersten Teil des Stückes probiert. Ihr könnt ihn zum Hörbeispiel musizieren. → CD II|55

Triads → CD II|55

Musik: Felix Janosa

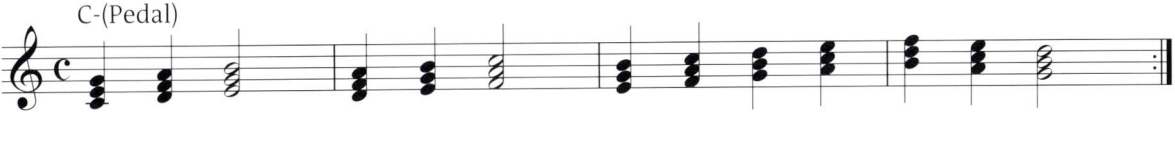

6 Ihr könnt dieses Stück auch mit anderen
Instrumenten spielen. Erstellt dafür eine
eigene **Stimme**. → MB
Nehmt dafür den oberen, den mittleren oder den
unteren Ton eines jeden Akkordes.

Wenn man keine Noten für eine Begleitung ausschreiben möchte,
kann man auch **Akkordsymbole** benutzen:

Für den **Dur-Dreiklang**:
nur den Großbuchstaben des
Grundtons:

Für den **Moll-Dreiklang**: ein
kleines »m« hinter den Großbuchstaben des Grundtons:

Bei einem **Vierklang** kommt
meist die kleine Septime (vom
Grundton aus gesehen) dazu.
Diese »7« wird hinter dem
Akkordnamen hochgestellt:

Motivische Arbeit

Ein Motiv wird getestet …

Bevor ein Komponist wie LUDWIG VAN
BEETHOVEN (1770–1827) ein Musikstück end-
gültig niederschrieb, testete er in seinen
Skizzenbüchern musikalische **Motive** (Melodie-
bausteine) auf ihre Verwendbarkeit. Dabei
veränderte er sie auf unterschiedliche Weise.
Schaut euch das berühmte Motiv aus seiner
5. Sinfonie (»ta-ta-ta-taaa!«) und mögliche Veränderungen an:

Aus einem Skizzenbuch BEETHOVENS

Das Original (CD II|56):

Veränderung 1:

Veränderung 2:

Veränderung 3:

Veränderung 4:

Veränderung 5:

Sequenz
Ein Motiv wird nach
unten oder oben ver-
schoben:

Spreizung/Stauchung
Es werden die Intervalle
verändert, der Abstand
der Töne zueinander:

Umkehrung
Die Melodierichtung
wird umgekehrt:

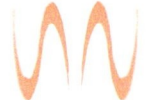

Variation
Einzelne Töne des Motiv
werden abgeändert:

1 Welche Art von Ände-
rung oder Änderungen
wurden vorgenommen?

2 Erfindet eine neue Veränderung und schreibt sie an die Tafel. Bekommen die anderen heraus, was ihr gemacht habt?
Ordnet einen der vier Begriffe der jeweiligen Veränderung zu.

… und spannend verarbeitet

3 Hört euch den Beginn der 5. Sinfonie in c-Moll an. Versucht mit dem Finger dem Verlauf der Musik in den Noten zu folgen.

→ **CD II|57**

Musik: Ludwig van Beethoven

4 Schaut euch BEETHOVENS motivische Arbeit an. Das Originalmotiv ist im Notenbild rot markiert. Welche Veränderungen nimmt der Komponist bei den

    a) gelb markierten

    b) grau markierten

    c) grün markierten

    d) blau markierten Motiven vor?

5 Hört euch die Fortsetzung des ersten Satzes an. Bleibt BEETHOVEN bei seinem Grundmotiv oder nicht? Wann macht er etwas anderes? Hebt die Hand, wenn ihr hört, dass die Musik sich vollkommen von dem ersten Motiv unterscheidet. → **CD II|57**

WORKSHOP Songwriting

Das Grundgerüst

Oft fragt man sich, woher Komponisten oder Songwriter ihre Ideen bekommen. Fällt denen das einfach so ein? Nein! Genau wie andere Menschen müssen sie sich alles in kleinen Schritten erarbeiten. Aber: Die meisten Menschen in kreativen Berufen machen sich ständig Notizen, wenn ihnen etwas Kleines oder Größeres einfällt, um es nicht zu vergessen.

1 Habt ihr auch eine Mappe oder ein Notizbuch, in das ihr schnell mal was reinkritzeln könnt? Ihr könnt auf diese Weise euer Gehirn »entlasten«.

Basic Song → CD III|1

Musik: Felix Janosa

Strophe

Am	Am	Em	F
Am	Am	G	G
Am	Am	Em	F
Dm	Dm	G	G

Refrain

Am	F	C	G
Am	F	C	G
Am	F	C	G
Am	Am	Am	G

Und jetzt seid ihr dran! Um euch beim Schreiben eures eigenen Songs zu helfen, haben wir euch hier die **Akkorde** von einem typischen **Refrain** und einer typischen **Strophe** aus Rock oder Pop aufgeschrieben. → CD III|1

Songwriting – Der Refrain → CD III|2

2 Beginnt beim Songschreiben mit der Melodie des **Refrains**, denn er entscheidet darüber, ob ein Song beim Hörer »hängen« bleibt oder nicht. Scheut euch nicht, eine kurze und gute melodische Idee zu wiederholen! Dadurch prägt sie sich beim Hörer besser ein.

Hört euch als Hilfe die Refrains aktueller Hits noch mal an.

3 Habt ihr irgendeinen englischen oder deutschen Spruch, ein paar Worte, die ihr gut findet? Nehmt ruhig etwas, was ihr aus einem anderen Song kennt!

Probiert dann, diese Worte oder den kurzen Spruch über die Akkorde des Refrains nur auf dem Ton g zu singen. Das hört sich gut an, denn dieser Ton passt zu allen vier Akkorden!

4 Nur auf einem Ton zu singen, ist auf die Dauer vielleicht doch zu langweilig. Versucht also, euren »Ein-Ton-Refrain« abzuändern, damit sich eine kleine Melodie ergibt. Wenn sie den anderen gefällt, wiederholt die Melodie – das ist in normalen Refrains auch nicht anders.

Tipp: Nehmt eine gute Idee möglichst schnell mit eurem Handy, Computer oder mobilen Aufnahmegerät auf, damit sie nicht verloren geht. Singt dabei Text und Melodie deutlich ins Mikro, damit ihr beides später verarbeiten könnt.

Vier Zeilen – Der Text des Refrains

1 Welches Thema soll euer Text haben? Egal, ob ihr allein oder in der Gruppe schreibt: Die Technik des **Brainstorming** hilft euch, schnell weiter zu kommen. Ist das Brainstorming beendet, wählt man die besten Ideen aus.

2 Es ist von Vorteil, wenn ihr beim Texten mit dem Refrain beginnt, denn eine eingängige **Refrainzeile** bringt den Inhalt oder das Thema eines Songs auf den Punkt. Welche Worte passen gut auf eure Refrainmelodie? Ihr könnt sie später auch abändern, wenn der Text dann besser passt!

Tipp: Sammelt, bevor ihr euren Refrain festlegt, gute Reime, die zum Thema passen, z. B.:

> gelandet – gestrandet
> moon – balloon

Bei diesem Reimschema braucht ihr nur einen einzigen Reim: Die zweite Zeile reimt sich auf die vierte.
Im Internet könnt ihr gute Reime finden über www.reimemaschine.de oder www.rhymezone.com

A) 1. Refrainzeile
Sie kann vielleicht auch der Titel eures Songs sein!

B) 2. Refrainzeile
Das Ende reimt sich auf das Ende der Schlusszeile.

A) Wiederholung 1. Refrainzeile

C) Schlusszeile
Das Ende reimt sich auf das Ende der 2. Refrainzeile.

Texten zum Playback

3 Überlegt euch eine Geschichte, ein Ereignis oder einen Sachverhalt, über den ihr schreiben möchtet. Es ist kein Problem, wenn ihr eine erste Strophe habt, diese auch statt einer zweiten Strophe erst mal zu wiederholen. Im Laufe der Zeit werden euch Ideen für eine zweite Strophe kommen.

4 Im Verlauf des Textens kommt ihr schnell dahinter, ob die Musik eher rockig oder nach Disko klingen soll, ob es eher eine ruhige Ballade oder ein hartes Hip-Hop-Stück wird. Welches der Playbacks kommt eurer Idee am nächsten? → CD III|3–8

5 Schreibt – wenn ihr fertig seid – den Text einigermaßen passend und leserlich unter die jeweiligen Akkorde. Durch Unterstreichungen könnt ihr markieren, welche Silben auf die Zählzeit 1 eines Taktes kommen.
→ MB

Ein Beispieltext:

```
/ Am    / F                    / C   / G   /
  It will never be the same
/ Am    / F                    / C   / G   /
  But our moments still remain
/ Am    / F                    / C   / G   /
  It will never be the same
/ Am    / Am                   / Am  / G   /
  How can I win your love again?
```

6 Habt keine Angst, eure Ideen den anderen in der Gruppe oder Klasse zu eurem Lieblingsplayback vorzutragen! Schreibt euren Refrain an die Tafel und singt oder rappt diesen gemeinsam.

WORKSHOP Der eigene Song am Computer

Samples als musikalische Bausteine

1 Mit Musikprogrammen wie Music Maker oder GarageBand könnt ihr – ohne dass ihr Noten oder ein Instrument können müsst – selbst Musikstücke zusammen setzen. Zieht einfach einmal beliebige **Samples** in das **Arrangier-Fenster**.

→ www.westermann.de/artikel/ 978-3-507-03026-8/toene-schuelerband-2

Ein **Sample** ist ein digital aufgezeichnetes Audio-Signal, mit dem Musik gemacht werden kann: egal, ob nur ein paar Klaviertöne, ein Schlagzeugrhythmus oder ganze Abschnitte aus fertig produzierten Musikstücken.

In das **Arrangier-Fenster** zieht ihr per »Drag & Drop« die Samples hinein, die ihr benutzen wollt. Einfache Regel: Auf einer Spur befindet sich immer ein Instrument, z. B. Drums oder Bass oder Gitarre.

Links in der **Spuren-Übersicht** könnt ihr erkennen, welche Sounds oder Instrumente sich auf welchen Spuren befinden.

Der **Cursor** läuft von links nach rechts und zeigt euch genau, an welcher Stelle des Stücks ihr gerade seid. Das Tempo wird bei manchen Programmen automatisch durch das erste Sample bestimmt, das ihr in das Stück zieht. Alle weiteren Samples passen sich automatisch diesem Tempo an.

Im **Auswahl-Fenster (Browser)** könnt ihr die Sounds aussuchen, die ihr in das Arrangier-Fenster auf eine bestimmte Spur ziehen möchtet.

Ein Band-Arrangement

2 Zum Arrangieren könnt ihr die Samples im Ordner „Basic Song" verwenden (→ www.westermann. de/artikel/978-3-507-03026-8/ toene-schuelerband-2).

Refrain (Takt 17–32):

¹⁷ Am = 6 | F = 4 | C = 1 | G = 5 |

²¹ Am = 6 | F = 4 | C = 1 | G = 5 |

²⁵ Am = 6 | F = 4 | C = 1 | G = 5 |

²⁹ Am = 6 | Am = 6 | Am = 6 | G = 5 |

Musikprogramme wie z. B. der »Music Maker« bieten **Samples** (meist ein- oder zweitaktige Patterns) für Melodie- und Harmonieinstrumente (z. B. Synth, Piano, Guitar, Bass) auf verschiedenen harmonischen Stufen an, meistens in der Tonart C-Dur. Dort entspricht die
Ziffer 1 dem C-Dur-Dreiklang,
Ziffer 2 dem D-Moll-Dreiklang,
Ziffer 3 dem E-Moll-Dreiklang,
Ziffer 4 dem F-Dur-Dreiklang,
Ziffer 5 dem G-Dur-Dreiklang und
Ziffer 6 dem A-Moll-Dreiklang.
Auch die Download-Samples des »Basic Songs« zum Herunterladen sind nach diesem System sortiert.

3 Füllt in dieser Art und Weise euer Arrangement Spur für Spur auf. Schlagzeug- und Percussion-Spuren könnt ihr einfach wiederholen – hier handelt es sich ja weder um Melodie- noch um Harmonie-Instrumente.

WORKSHOP Wir stellen eine CD her

Das Brennen der Aufnahmen

1 Entscheidet gemeinsam mit der Gruppe und eurem Lehrer, welche Titel auf eure Klassen-CD kommen sollen – wir haben hier ein paar Möglichkeiten aufgezählt.

Karaoke-Titel: fertige Playbacks, über die ihr noch selbst drüber singt (→ S. 14–17).

Raps mit eigenen Texten (→ S. 34–35)

Musik, die ihr mit »Music Maker«, »GarageBand« oder ähnlichen Programmen produziert habt (→ S. 104–105).

Ergebnisse des eigenen Songwritings (→ S. 100–103)

Gedichte, Sketche, Hörspiele, Liedparodien (→ S. 18–21)

2 Ladet die fertigen Beiträge in ein normales Brenn-Programm wie »Nero«. Die Dateiformate können z. B. »mp3« oder »wav« sein. Bringt die Titel in die von euch gewünschte Reihenfolge. Beim Brennen der CD müsst ihr die Option »Audio-CD erstellen« wählen.

Audio-Formate

Das **WAVE-Format** (Datei Endung = .wav) wird von beinahe allen Audio-Programmen akzeptiert.

Im **MP3-Format** (.mp3) werden Audiodaten auf einen Bruchteil der ursprünglichen Datenmenge reduziert. Es entsteht ein Qualitätsverlust.

Gestaltung von CD und Cover

3 Zu jedem Drucker wird heute standardmäßig ein Programm zum Gestalten von bedruckbaren CD-Rohlingen mitgeliefert.
Damit könnt ihr die CD selbst beschriften, aber auch Fotos oder Grafiken einbauen.

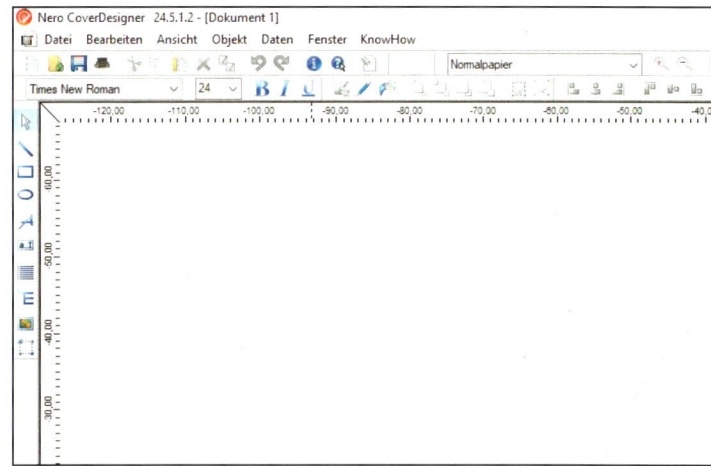

4 Bedruckt die weiße Oberfläche erst, wenn ihr die fertige Audio-CD in einem CD-Player oder auf dem Computer mit Erfolg getestet habt.
Auf die CD selbst passt meist nicht viel an Information. Konzentriert euch hier auf eine einprägsame, klare Gestaltung.

5 Das Cover (oder die Vorderseite des Booklets) sollte eine auffällige Grafik haben, gemeinsam mit dem Titel und den Interpreten.
Auf der Rückseite befinden sich fast immer die nummerierten Titel der einzelnen Tracks. Auch
– Urheber/Komponist
– Zeitangaben
– weitere Details zu den Aufnahmen (wer hat was gemacht?)
– Danksagungen
haben hier Platz.

CD-Cover

Rückseite CD-Hülle

Vorlage für CD-Druck

bedruckte CD

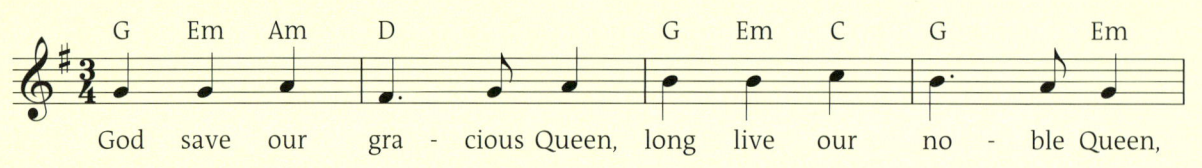

God save our gra - cious Queen, long live our no - ble Queen,

God save the Queen.

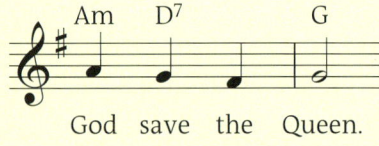
Nationalhymne

Ballett

Giovanni
Gabrieli

Solokonzert

Epochen

Thema

Original und Bearbeitung ◎

mmmusik ◎

Giovanni Gabrieli – Mehrchörigkeit in Venedig

Raumklang im Markusdom zu Venedig

Der gewaltige Markusdom war lange Zeit das Zentrum des Musiklebens in Venedig. Hier wurden die feierlichsten Gottesdienste und die prächtigsten Feste der Stadt gehalten. Die Kirche stellte dafür berühmte Musiker aus ganz Europa ein.

1 Sänger und Instrumentalisten wurden im prunkvollen Innenraum des Doms verteilt, damit die Musik aus unterschiedlichen Richtungen ertönen konnte. Wo würdet ihr die Musiker auf der Abbildung platzieren, damit die Musik raumfüllend erklingt?

2 GIOVANNI GABRIELI (1557–1612) war einer der bekanntesten Musiker und Komponisten in der Epoche der Renaissance, die eine Anstellung am Markusdom hatten. Er entwickelte das »räumliche Komponieren« entscheidend weiter. Versucht anhand seiner Chormusik zu beschreiben, was »räumliches Komponieren« bedeutet und beschreibt euren Höreindruck.
→ CD III|9

Canzone Septimi Toni

3 GIOVANNI GABRIELI übertrug das Prinzip der **Mehrchörigkeit** auch auf Instrumente. Beschreibt die Besetzung und Aufstellung der Instrumente. Sucht nach Gründen, warum er diese Besetzung gewählt hat.

4 Den richtigen Stereo-Effekt könnt ihr herstellen, wenn ihr die Boxen weit auseinander und euch in der Mitte des Raums platziert.
Hört euch GABRIELIS »Canzone Septimi Toni« an. Welcher »Chor« gibt den Ton an, welcher »Chor« imitiert oder verändert das, was der andere spielt? → CD III|10, MB

5 Auch im Kino wird der Ton aus verschiedenen Richtungen ausgestrahlt. (**Dolby Surround**).
Worin unterscheidet sich die Klangwirkung im Kino von der einer normalen Stereo-Anlage?

Ein Solo-Konzert aus dem Barock

Der König spielt auf

Konzerte mit **Solo-Instrumenten** waren in der Zeit des Barock sehr beliebt. Die Hörer an fürstlichen oder königlichen Höfen liebten den Wechsel zwischen den Solo-Passagen von Flöte, Violine oder Cembalo und den Orchesterpassagen.

1 Das Bild zeigt König FRIEDRICH II. VON PREUSSEN (1712–1786) beim Flöte spielen. Nennt mögliche Gründe, warum sich ein König damals auch als Musiker vor seinem Hofstaat produzierte.

2 Im Kinofilm »Mein Name ist Bach« (2003) wird die Begegnung des Königs mit dem berühmten Komponisten JOHANN SEBASTIAN BACH (1685–1750) am Hofe zu Potsdam geschildert.
Gebt den Inhalt der Filmszene wieder und beschreibt das Verhältnis zwischen König und Komponist. → DVD

Ein Violinkonzert von Johann Sebastian Bach

JOHANN SEBASTIAN BACH war ein viel beschäftigter Mann: In seiner Funktion als **Kantor** (musikalischer Leiter) der Thomaskirche in Leipzig musste er für jeden Gottesdienst eine umfangreiche **Kantate** (ein Werk für Orchester, Chor und Gesangs-Solisten) komponieren und einstudieren. Daneben war er auch für die Musik an den drei anderen Leipziger Kirchen und für ein städtisches Orchester verantwortlich.

Im Rondo des Violinkonzerts in E-Dur von JOHANN SEBASTIAN BACH könnt ihr den Wechsel zwischen Orchesterpassagen (Ritornell) und den Abschnitten für die Solo-Violine (Episoden) besonders gut hören. → CD III|11

i

In einem **Rondo** kehrt ein Hauptthema, das **Ritornell,** immer wieder. Dazwischen befinden sich andere musikalische Teile, die **Episoden.**

Thema des Ritornells (A):

Beginn der ersten Episode (B):

3 Zählt mit, wie oft sich Ritornelle und Episoden abwechseln. Gebt dem Ritornell (A) und den Episoden (B, C, D, E) Buchstaben. Wodurch unterscheidet sich die letzte Episode von den anderen?

4 BACH hat das Violinkonzert E-Dur zu einem Cembalokonzert umgearbeitet. Hört euch das Rondo in beiden Fassungen an und beschreibt die Unterschiede (→ CD III|12). Nennt mögliche Gründe für solch eine Bearbeitung.

Wolfgang Amadeus Mozart – Suche nach Erfolg

Vom Wunderkind zum Komponisten

1 WOLFGANG AMADEUS MOZART (1756–1791) tourte bereits als siebenjähriges »Wunderkind« mit Vater und Schwester durch Europa. → DVD
Als Jugendlicher reiste er dann mit dem Vater nach Italien, um sich dort als Opern-Komponist einen Namen zu machen.
Bildet drei Gruppen und erzählt den anderen von den einzelnen Stationen in MOZARTS Kindheit und Jugend.

A) Informiert euch über MOZARTS beeindruckende »Europa-Tournee« der Jahre 1763–65. In wie vielen Städten spielte der junge Komponist? In welchen Ländern liegen die Städte heute? → MB

B) Beschreibt, wie beschwerlich das Reisen zu MOZARTS Zeiten war.

Briefstellen von MOZART und seinem Vater über die damaligen Reiseumstände:

> »Dieser Wagen stößt einem doch die Seele heraus mein Hintern war ganz schwielig und vermutlich feuerrot – zwei ganze Posten fuhr ich die Hände auf dem Polster gestützt, und den Hintern in Lüften haltend.«
> »Die Wege waren seit 14 Tagen nach Neapel sehr unsicher, und [es] ist ein Kaufmann totgeschlagen worden. Nichts als Anlegen und Ausziehen, Einpacken und Auspacken und noch dazu kein warmes Zimmer …«

C) Berichtet vom ersten Opern-Erfolg MOZARTS in Mailand.

Brief von Vater LEOPOLD MOZART über die Proben und die Uraufführung der Oper »Mitridate«:

> »Bevor die erste Probe gemacht wurde, hatte es nicht an Leuten gefehlt, welche die Musik schon zum Voraus als etwas Elendes ausgeschrien. Alle diese Leute sind nun von dem Abend der ersten Probe an verstummt.
> Die erste Aufführung der Opera ist mit allgemeinem Beifall vor sich gegangen und war bei fast allen Arien ein erstaunliches Händeklatschen«.

Sonatenhauptsatzform

2 Neben Opern mussten Komponisten der Klassik auch Werke für Orchester schreiben können, zum Beispiel **Sinfonien**. Die Sinfonie C-Dur schrieb MOZART im Alter von fünfzehn Jahren.
Spielt das **erste Thema** (Hauptthema) mit:

Zu Beginn des ersten Satzes einer Sinfonie **(Exposition)** werden meist zwei Themen gegenübergestellt, das erste in der Grundtonart (Tonika), das zweite in der Tonart auf der fünften Stufe der Tonleiter (Dominante).

Sinfonie C-Dur KV 96 (komponiert 1771 in Mailand) → CD III|13
1. Thema

Wolfgang Amadeus Mozart

3 Spielt nun das **zweite Thema** (Seitenthema) dieses Sinfoniesatzes mit, es steht in G-Dur. Beschreibt die Unterschiede zum ersten Thema. Gibt es auch Gemeinsamkeiten?

2. Thema → CD III|14

4 Hört euch nun den zweiten Abschnitt der Sinfonie an, die **Durchführung**. Direkt zu Beginn der Durchführung wird musikalisches Material aus einem der beiden bereits vorgestellten Themen benutzt. Aus welchem?

In der **Durchführung** wird musikalisches Material aus der Exposition verarbeitet.

Durchführung → CD III|15

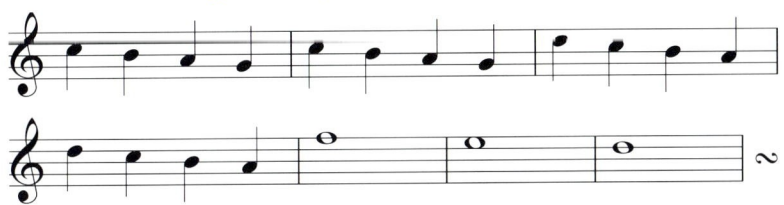

In der **Reprise** kehren die Themen der Exposition wieder, das zweite Thema steht nun auch in der Grundtonart.

5 Im dritten und letzten Abschnitt, der **Reprise**, erklingen die beiden Themen wieder. Spielt noch einmal das 1. Thema mit. Was ist nun anders? → CD III|16

Ludwig van Beethoven – »Für Elise«

Ein Stück für alle Gelegenheiten

1 Betrachtet die fünf CD-Cover. Alle CDs enthalten neben
anderen Stücken BEETHOVENS »Für Elise«.
Welche Käufergruppen sollen jeweils angesprochen werden?
Tauscht euch aus, warum ein und dasselbe Stück auf solch unter-
schiedlichen **Samplern** (Zusammenstellung von Musikstücken)
Platz findet.

Das bekannteste Klavierstück der Welt

2 Fast jeder Klavierschüler hat dieses Stück gespielt – entweder in der Originalfassung von LUDWIG VAN BEETHOVEN (1770–827) oder in einer leichteren Bearbeitung. Vergleicht die ersten Takte einer Bearbeitung von »Für Elise« mit den Noten des Originals. Nennt mögliche Gründe für die Veränderungen.

3 Hört euch nun beide Fassungen in ganzer Länge an. Zählt mit, wie oft das Anfangsthema mit der in den Noten markierten Wechselnote wiederkehrt. → CD III|18–19

»Für Elise« (Original)   Ludwig van Beethoven

»Für Elise« (Easy Piano)   Ludwig van Beethoven

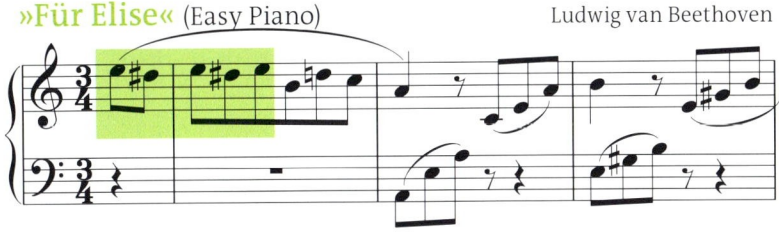

Lasst euch – auch wenn ihr nicht Klavier oder Keyboard spielt – von anderen den Anfang des Stückes in der rechten Hand zeigen – es macht Spaß!

4 Neben dem Formteil mit dem bekannten Hauptthema gibt es weitere musikalische Abschnitte. Gebt ihnen Buchstaben (A, B, C ...). Welche Form ergibt sich?
Beschreibt den Charakter der musikalischen Teile, die nicht das bekannte Hauptthema haben.

Franz Schubert – »Der Tod und das Mädchen«

Gemälde von EGON SCHIELE (1915)

Comic von NINA RUZICKA (2005)

Detail einer Brunnenskulptur in Nürnberg (1984–1988)

Ballett-Szene (1933)

Künstler, Schriftsteller und Komponisten kommen immer wieder auf ähnliche **Themen** zurück, weil sie eine starke Spannung besitzen, die den Betrachter fesseln kann. Die Abbildungen zeigen euch verschiedene Beispiele zu ein und demselben Thema: »Tod und Mädchen«.

1 Beschreibt die Bilder. Wie ist das Verhältnis der beiden Gestalten zueinander? Was könnt ihr an den Gesichtern ablesen? Versucht, charakteristische Merkmale zu finden, wie eine Musik zu den einzelnen Bildern klingen könnte.

Ein Klavierlied der Romantik

2 Der deutsche Dichter MATTHIAS CLAUDIUS (1740–1815, u. a. »Der Mond ist aufgegangen«) schrieb ein Gedicht namens »Der Tod und das Mädchen«.
Klärt, was in dem Gedicht geschieht.

(Das Mädchen):

Vorüber! Ach vorüber!

Geh, wilder Knochenmann!

Ich bin noch jung, geh Lieber!

Und rühre mich nicht an.

(Der Tod):

Gib deine Hand, du schön und zart
  Gebild!

Bin Freund und komme nicht zu strafen.

Sei gutes Muts! Ich bin nicht wild,

Sollst sanft in meinen Armen schlafen!

3 Tragt den Text mit verteilten Rollen (»Mädchen« und »der Tod«) langsam und deutlich vor.
Probiert beim zweiten Durchgang Folgendes aus: Eine Schülerin oder ein Schüler drückt das rechte Pedal des Klaviers hinab und macht dazu auf den Tasten passende Klänge
– mit einzelnen Fingern
– mit der Handfläche
– mit der Faust.
Die anderen hören genau zu: Haben sich die Klänge geändert, wenn der »Tod« spricht?

4 FRANZ SCHUBERT (1797–1828) war ein wichtiger Komponist der Romantik. Er schrieb im Verlauf seines kurzen Lebens neben zahlreichen anderen Werken (Sinfonien, Opern) über 600 Lieder nach Texten bekannter Dichter. Hört euch seine Vertonung des Gedichtes an. Beschreibt die Musik des »Mädchens« und die Musik des »Todes« in diesem **Klavierlied**.
→ CD III|20

5 Welche der vier Abbildungen auf der linken Seite passt am besten zu SCHUBERTS Klavierlied? Begründet eure Entscheidung.

Programmmusik – »Hebriden-Ouvertüre«

Felix Mendelssohns Schottlandreise

1 Bücher mit schottischen Heldensagen lösten zu Beginn des 19. Jahrhundert eine Schottland-Mode aus. Maler, Musiker und Dichter träumten sich mit diesen Erzählungen in ferne Landschaften, fremde Welten und alte Zeiten. Schaut euch das Foto von der Insel an und beschreibt euren ersten Eindruck.

Der Komponist FELIX MENDELSSOHN BARTHOLDY (1809–1847) hatte als 20-Jähriger die Gelegenheit, diese Landschaften zu bereisen. Elegant gekleidet stieg er 1829 auf einen Dampfer und besuchte die Hebriden-Inseln und die berühmte Fingals-Grotte. Seine Natureindrücke regten ihn zur Komposition des Orchesterstücks »Hebriden-Ouvertüre« an.

2 Hört euch an, wie FELIX MENDELSSOHN BARTHOLDY die Reise zur Fingals Grotte musikalisch beschreibt. → CD III|21 Malt ein Bild zu dieser Musik, auf dem ihr zum Ausdruck bringt, wie ihr euch das Innere der Grotte vorstellt.

FELIX MENDELSSOHN BARTHOLDY mit 20 Jahren

Musikalische Bootstour zu den Hebriden-Inseln

3 MENDELSSOHNS Ouvertüre nimmt euch auf eine musikalische Bootstour zu den Hebriden-Inseln mit. Aber der Komponist verrät nicht die einzelnen Stationen seiner Reise. Versucht deshalb selbst, die fünf Musikausschnitte einzelnen Bildern zuzuordnen. Welche Elemente der Musik findet ihr in den Bildern wieder?
→ CD III|22–26

Möwen

Sonnenuntergang
auf dem Meer

Fahrt in die Fingals-Grotte

Im Inneren der
gewaltigen
Fingals-Grotte

Wellen und raue See

4 Vergleicht eure Ergebnisse: Bei welchem Hörbeispiel wart ihr euch einig? Bei welchem Musikausschnitt fiel eine Zuordnung am schwersten? Überlegt, woran das liegen könnte.

5 Die Fingals-Grotte hat auch andere Komponisten angeregt. Vergleicht die Vertonung von JOHANN KASPAR MERTZ (1806–1856) mit der von MENDELSSOHN. → CD III|27–28

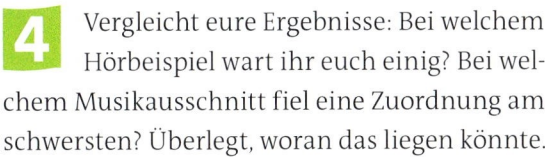

Franz Liszt – Virtuosität auf dem Konzertflügel

Virtuos sein – wie geht das?

1 **Virtuosen** nennt man jene Musiker, die ihr Instrument auf so außerordentliche Art und Weise beherrschen, dass sie ein Publikum immer in Erstaunen versetzen können. Vielleicht kennt ihr ja den berühmten chinesischen Pianisten Lang Lang (*1982), der 2008 die Olympischen Sommerspiele in Peking mit Klaviermusik eröffnete.
Hört euch einen kurzen Ausschnitt seines Klavierspiels an. Beschreibt euren Höreindruck. → CD III|29, DVD

2 Der Dichter und Zeichner Wilhelm Busch (1832–1908, »Max und Moritz«) hat schon früher Virtuosen am Klavier beobachtet und ihre Wirkung auf das Publikum in Zeichnungen festgehalten.
Zu welchen Abbildungen passt das Hörbeispiel von Lang Lang?
→ CD III|29
Beschreibt, wie der Virtuose am Klavier auf den anderen Abbildungen seinen Zuhörer beeindruckt.

»God save the Queen« – Eine virtuose Paraphrase

3 Der Komponist und Pianist FRANZ LISZT (1811–1886) war der bekannteste Klaviervirtuose des 19. Jahrhunderts. Er schrieb eigene Klavierstücke, aber auch Klavierfassungen von bekannten Orchesterwerken oder Liedern. In anderen Stücken diente eine bekannte Melodie als musikalische Grundidee. Beschreibt die Zeichnung.

God save the Queen

Musik und Text: mündlich überliefert
aus England

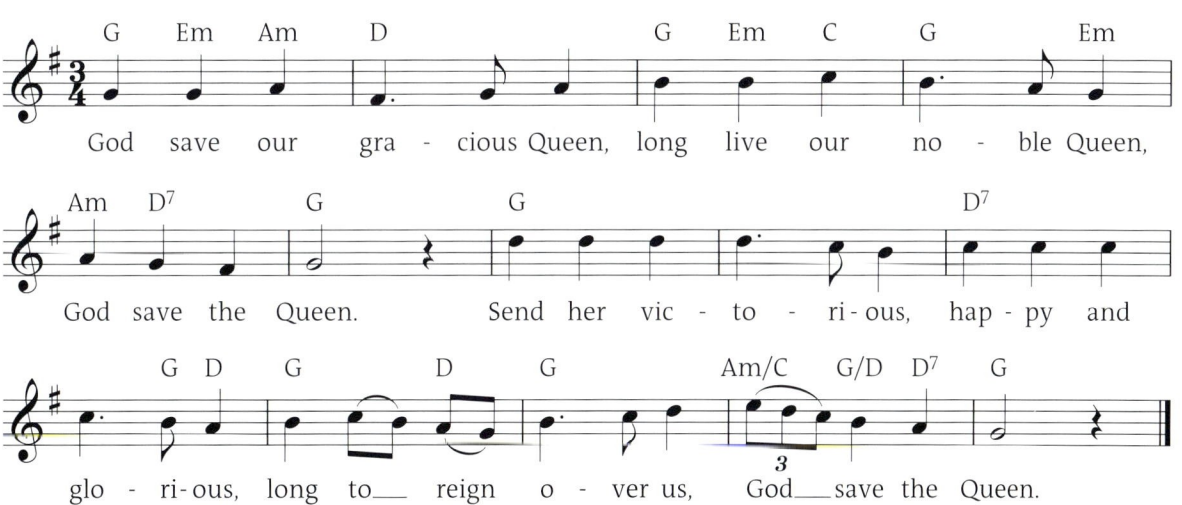

4 Singt gemeinsam die englische Nationalhymne »God save the Queen«.
→ CD III|30

5 Hört nun gemeinsam LISZTS Paraphrase (musikalische Ausschmückung, Umschreibung) über »God save the Queen« an. Hebt eine Hand, wenn ihr die Melodie in dem Klavierstück erkennen könnt. → CD III|31

Igor Strawinsky – Das Frühlingsopfer

Ein skandalöses Musikstück

1 Noch 100 Jahre danach spricht man über diese Uraufführung: Die Premiere von IGOR STRAWINSKYS (1882–1971) Ballett »Le Sacre du Printemps« (Das Frühlingsopfer) löste heftige Tumulte beim Pariser Publikum aus.

Im Film »Coco und Igor« (2010) wurde dieser Musik-Skandal nachgestellt. Schaut euch den Ausschnitt an und beschreibt die Reaktionen des Publikums auf Musik und Ballett. Diskutiert: Was mag die Menschen im Jahre 1913 derartig aufgeregt haben? Könnt ihr die Aufregung verstehen? MB, → DVD

2 Der »Danse Sacrale« (Heilige Tanz) bildet den Höhepunkt und Abschluss des Balletts, in dem es um ein von Göttern gefordertes Menschenopfer geht.

Die Skizzen der Malerin VALENTINE HUGO von der Uraufführung zeigen drei Bewegungen der Solotänzerin in diesem Stück: Stehen auf einem Bein, Stehen auf Zehenspitzen, Luftsprung. Probiert die Bewegungen zu STRAWINSKYS Musik aus. → CD III|32

Spielt mit beim »Sacre«!

3 Das Hörbeispiel CD III|33 ist ein Ausschnitt von STRAWINSKYS »Tanz der jungen Mädchen« als Loop (sich wiederholende Schleife). Nun könnt ihr zum »Sacre du Printemps« z. B. auf Stabspielen, Klavier, Gitarre und Boomwhackers mitspielen:

Igor Strawinsky

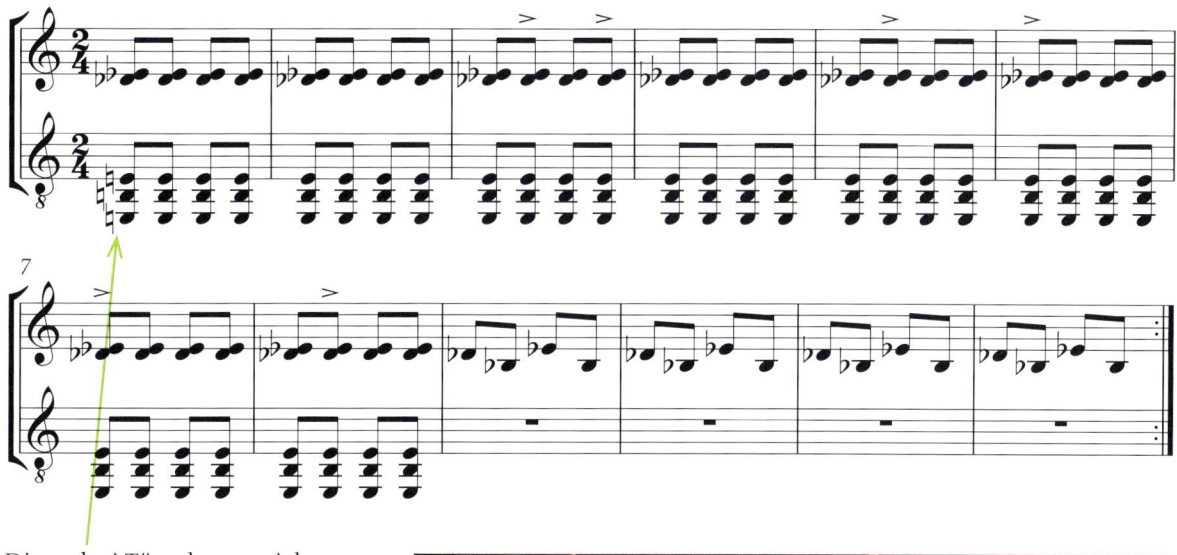

Diese drei Töne lassen sich leicht auf den tiefen Saiten einer Gitarre spielen!

4 Schaut euch einen Ausschnitt aus »Rhythm is it« mit dem Dirigenten SIR SIMON RATTLE (*1955) an. Beschreibt die Tanzproben für den »Tanz der jungen Mädchen«. → DVD

Olivier Messiaen – Exotische Vögel

Ein Orchesterstück aus Vogelrufen

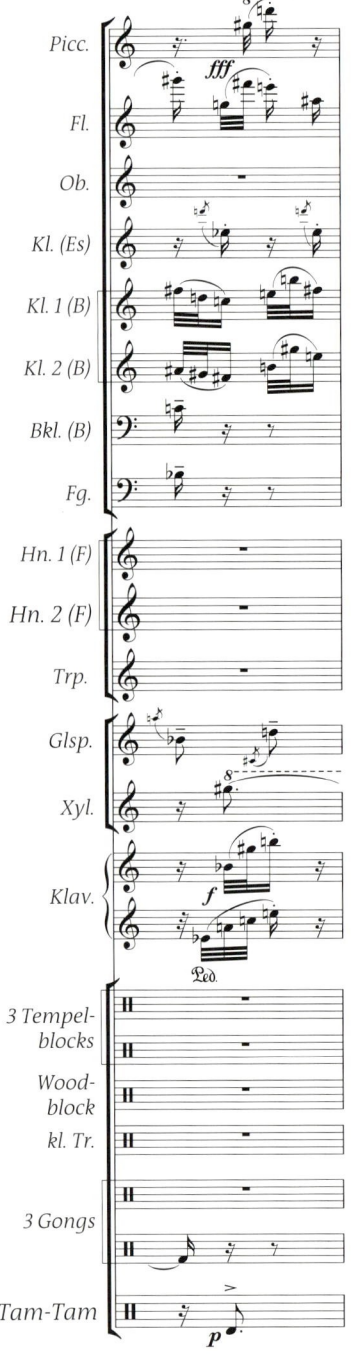

Der französische Komponist OLIVIER MESSIAEN (1908–1992) notierte bereits in seiner Jugend Vogelgesänge – er war in der Lage, ungefähr 700 Vogelrufe zu unterscheiden! Er benutzte die Vogelrufe in den 1950er-Jahren als Basis vieler seiner Kompositionen. 1956 beendete er sein großes Orchesterwerk »Oiseaux exotiques« (Exotische Vögel) für Solo-Piano und großes Orchester. → CD III|34

1 Die Komponisten des 20. Jahrhunderts verzichteten auf traditionelle Besetzungen. Für beinahe jedes Werk der **Neuen Musik** schrieben die Komponisten besondere Besetzungen und Notationen vor.

MESSIAEN druckte in der Partitur zu »Oiseaux exotiques« einen Sitzplan für das Orchester ab. Wie unterscheidet sich die Besetzung vom traditionellen Orchester? → MB

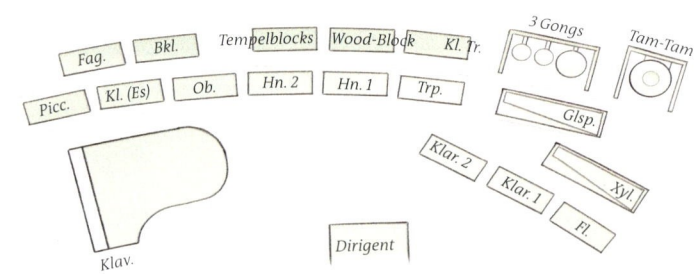

2 Links seht ihr einen Ausschnitt aus MESSIAENS Partitur des Stückes. Ordnet die Instrumente von oben nach unten dem Sitzplan zu. Könnt ihr hinter der Sitzordnung ein System erkennen?

Eine Sinfonie aus Vogelstimmen

3 Hört euch unterschiedliche Ausschnitte aus »Réveil des Oiseaux« (Das Erwachen der Vögel, 1953) an. Welche Instrumente imitieren hier die exotischen Vögel? → CD III|35–37

4 Erstellt am Computer selbst ein »Vogelkonzert« mit Instrumenten- und Vogel-Samples, die ihr kostenlos downloaden könnt (www.westermann.de/artikel/ 978-3-507-03026-8/toene-schuelerband-2).

John James Audubon:
American Birds

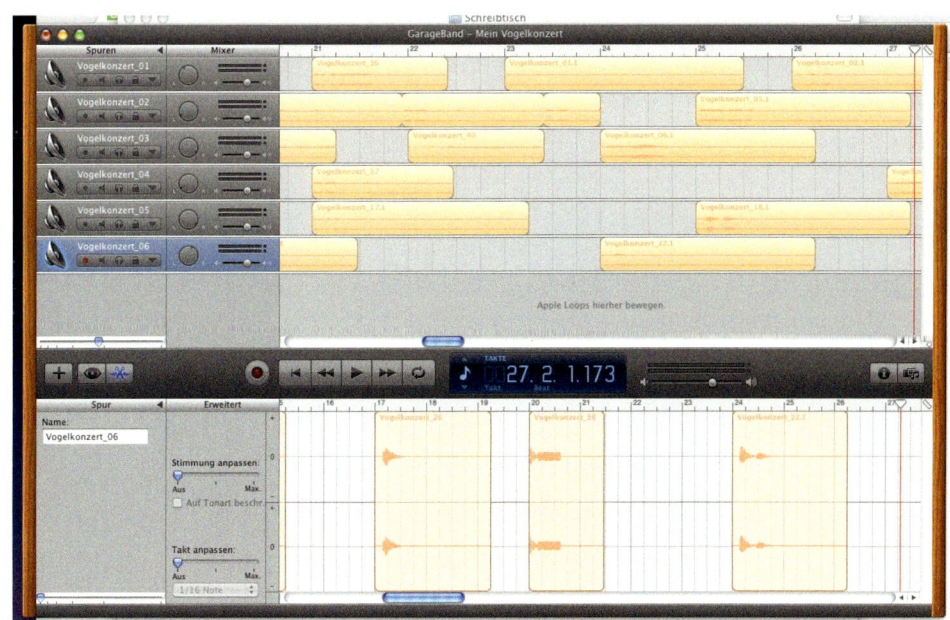

Vogel-Samples
im Programm
»GarageBand«

Musik und Handlung

Soundtrack

Bilder einer Ausstellung

Form

A A B A

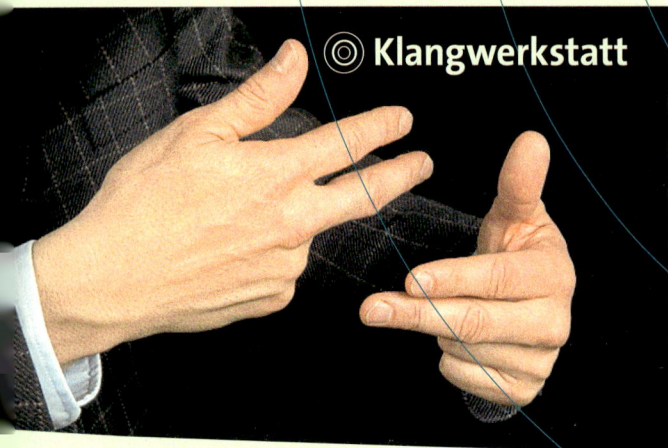

Klangwerkstatt

Duett

Maske

Spannung

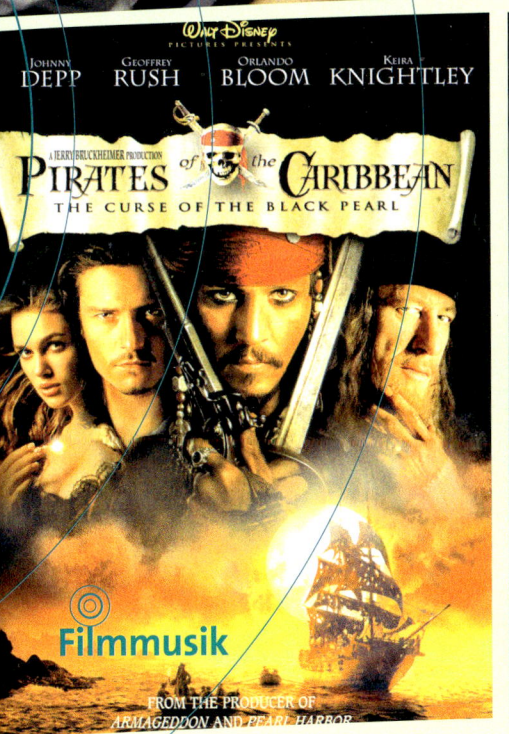

Filmmusik

Musical

Vertonen von Bildern

Bildstruktur und Klänge

Wassily Kandinsky (1866–1944)

Piet Mondrian (1872–1944)

William Turner (1775–1851)

1 Beschreibt die Bilder. Wie wirken sie auf euch? Nehmt die Begriffe aus dem Kasten zu Hilfe oder sucht nach besseren eigenen Wörtern.

2 Entscheidet euch, welches der drei Gemälde ihr vertonen wollt. Die Begriffe, mit denen ihr dieses Gemälde beschrieben habt, sollten auch auf eure Musik zutreffen. Wählt Instrumente aus, die für die Verklanglichung des Bildes gut passen.

3 Damit nicht alle unabhängig voneinander spielen, ist es gut, wenn einer von euch als **Dirigent** eindeutige Zeichen macht. Die Dirigentin oder der Dirigent muss dabei immer an das Bild und seine Struktur denken!

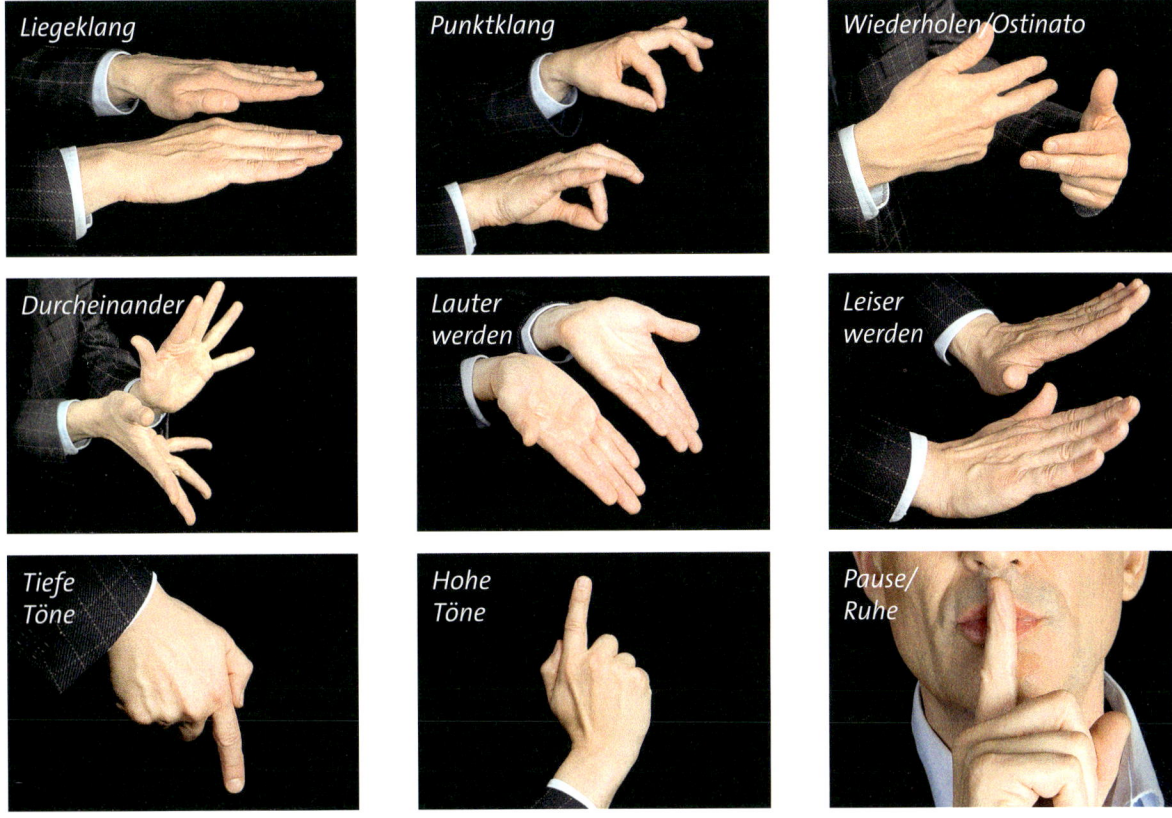

4 Mit jeder Wiederholung wissen alle Beteiligten: Dieses klappt gut, dieses nicht so gut. Haltet eure Klang-Abfolge mit eigenen Symbolen in einer Partitur fest, die so aussehen könnte:

Klangzeichen

Instrument 1														
Instrument 2														
Instrument 3														
Instrument 4														
Sekunde	0	1	2	3	4	5	6	7	8	9	10	11	12	...

Musikalische Gemälde – »Bilder einer Ausstellung«

Mussorgsky lässt sich inspirieren

1 Der russische Komponist MODEST MUSSORGSKY (1839–1881) ließ sich von einer Gemälde-Ausstellung in St. Petersburg zum Komponieren anregen. Zu zehn Bildern seines Freundes VIKTOR HARTMANN (1834–1873) schrieb er Klavierstücke, die er mit »Promenaden«, Spaziergängen durch die Ausstellung, verband. → CD IV|1

Spielt mit zu einem »Bild« aus MUSSORGSKYS »Ausstellung«. → CD IV|2

Musik: Modest Mussorgsky/Maurice Ravel
Satz: Felix Janosa

[Notensystem für Triangel, Schellenkr./Becken, Woodblocks, Trommel/Pauken, 4/4-Takt]

Die musikalische Form dieses Stückes lautet

$A^1 \ A^1 \ A^2 \ B \ B$

Spielt das Stück mit allen Wiederholungen zur Aufnahme mit. → CD IV|2

2 Was könnte auf dem Bild dargestellt sein, dessen »Musik« ihr mitgespielt habt? Sammelt eure Vorschläge an der Tafel. Vergleicht eure eigene Lösung mit dem Bild, das MUSSORGSKY als Vorlage genommen hat. → MB

Im Untergrund

3 Katakomben sind gewaltige unterirdische Friedhöfe mit Millionen von Knochen, die man z. B. in Paris heute noch besichtigen kann.

Der Maler VIKTOR HARTMANN malte sich selbst, als er Katakomben besichtigte.

Hört euch den Beginn von MUSSORGSKYS Klavierstück an. Wie wird die dunkle und unheimliche Atmosphäre in den Katakomben auf dem Klavier dargestellt? → CD IV|3

Katakomben

Musik: Modest Mussorgsky

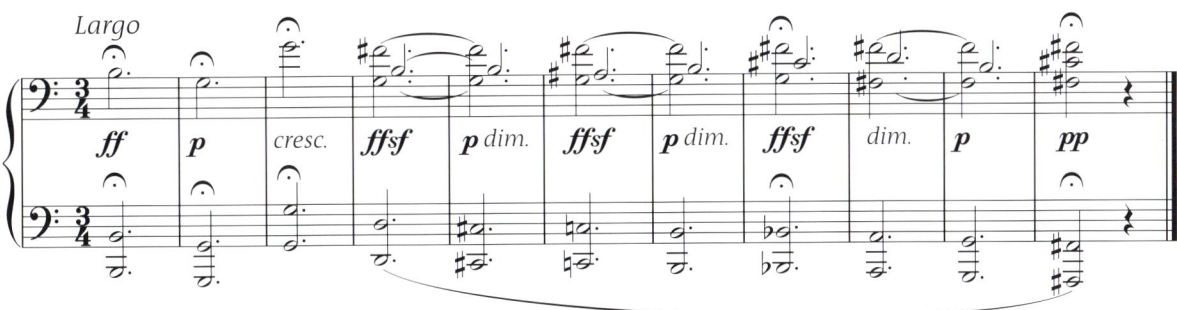

Lautstärkebezeichnungen:

pp	pianissimo	sehr leise	sf	sforzato	plötzlich laut
p	piano	leise	cresc.	crescendo	lauter werdend
ff	fortissimo	sehr laut	dim.	diminuendo	leiser werdend

Maurice Ravel

Leopold Stokowski

4 Hört euch zwei Instrumentationen des Stückes an, eine von MAURICE RAVEL (1875–1937), eine von LEOPOLD STOKOWSKI (1882–1977). CD IV|4–5 Welche findet ihr interessanter? Begründet eure Meinung.

Film-Soundtrack – Geräusche und Musik

Selbst gemachte Geräusche

Geräuscheprofis in Film und Hörspiel haben ihre Tricks:
Wenn man z. B. ein Plastikkabel über eine Tischkante zieht, klingt es wie das Öffnen einer Schatzkiste.
Und mit billigen Arbeitshandschuhen kann man den Flügelschlag von Vögeln nachmachen!

1 Bringt von zu Hause anderes Klang-Material mit und experimentiert damit in Gruppen. Findet heraus: Was kann wonach klingen?
Führt die Klänge den anderen Gruppen vor. Die halten die Augen geschlossen und überlegen, was ihr gemeint habt.

Was verbirgt sich in diesem Hotelzimmer?

2 Schaut euch diesen kurzen Film an: »Ein Mann geht durch ein Hotel.« Überlegt, welche Geräusche passen könnten und versucht, sie entsprechend umzusetzen. → DVD

3 Diese Filmszene wurde mit drei unterschiedlichen Filmmusiken unterlegt. Schaut euch diese Fassungen mit Musik an. Wie verändert sich die Stimmung der Szene durch die unterlegte Musik? → DVD

4 Welche Musik erscheint euch persönlich am passendsten? Nehmt diese Fassung und fügt eure Geräusche hinzu. Nun ist die Filmszene komplett!

5 Wenn ihr Spaß an diesem Thema habt, könnt ihr diesen kurzen Film am Computer mit **Samples** zum kostenlosen Download selbst vertonen. (www.westermann.de/artikel/ 978-3-507-03026-8/toene-schuelerband-2)

Filmmusik – »Good bye Lenin«

Stimmungsvolle Filmmusik

Kennt ihr den Film »Good bye Lenin«?: Eine Lehrerin aus Ost-Berlin verbringt nach einem gesundheitlichen Zusammenbruch das Ende der DDR (»Mauerfall« 1989) im Koma. Um die Gesundheit der Mutter nach dem Aufwachen zu schonen, gaukelt der Sohn ihr vor, dass die DDR weiter existiert.

Summer 78 → CD IV|6

Musik: Yann Pierre Tiersen
Satz: Felix Janosa

repeat and fade

Kombination von Dialogen, Musik und Geräusch

1 Begleitet die **Titelmusik** dieses Films (»Summer 78«) mit euren Instrumenten. Welche Grundstimmung wird vermittelt?

2 Hört euch einen zweiminütigen Ausschnitt aus »Good bye Lenin« an.
→ CD IV|7
Was habt ihr alles gehört? Sammelt eure Ergebnisse an der Tafel und sortiert sie nach
a) Dialogen und menschlichen Geräuschen,
b) anderen Geräuschen,
c) Musik.
Wiederholt den Ausschnitt, damit ihr noch mehr mitbekommt.
Diskutiert: Was könnte in dieser Filmszene zu sehen sein?

3 Schaut euch nun den Ausschnitt aus dem Film mit Bild an.
Was könnt ihr zusätzlich erfahren? → DVD

Filmmusik – »Pirates of the Caribbean«

Fluch der Karibik

Die vier Kinofilme von »Pirates of the Caribbean« (deutscher Titel: »Fluch der Karibik«) gehören zu den erfolgreichsten Hollywood-Filmen überhaupt: Insgesamt spielten die ersten drei Teile bis Anfang 2011 2,2 Milliarden Dollar ein.
Hauptdarsteller Johnny Depp (*1963) spielt darin den tollkühnen, aber auch seltsamen Piratenkapitän Jack Sparrow.

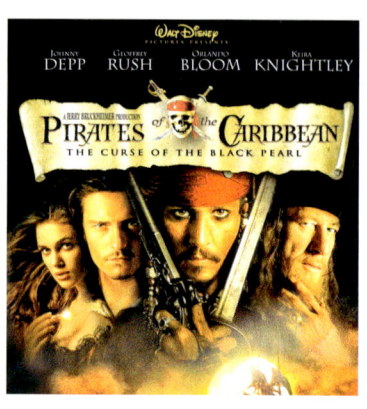

Klaus Badelt

1 Hört euch »The Black Pearl« aus dem **Soundtrack** von »Pirates of the Caribbean« an. → CD IV|8
Beschreibt, wie sich im Verlaufe der Musik die Stimmung ändert. Welche Überschriften würdet ihr den drei musikalischen Abschnitten geben?

Die Musik zu »Pirates of the Caribbean« schrieben die deutschen Filmmusik-Komponisten Klaus Badelt (*1967) und Hans Zimmer (*1957). Sie kombinierten dafür ein kleines Sinfonieorchester mit Klängen aus Keyboards.

2 Überprüft beim Ansehen des Ausschnitts aus »Fluch der Karibik«, ob ihr mit euren Überschriften die richtige Stimmung getroffen habt. → DVD

»The Black Pearl« zum Mitspielen

3 Im ersten Abschnitt von »The Black Pearl« könnt ihr mit Instrumenten wie Rainmaker, Shaker, Kastagnetten oder anderen Percussion-Instrumenten Stimmung erzeugen.

4 Beginnt mit dem Mitspielsatz, wenn sich das Tempo ändert (→ CD IV|8 bei 0:38).

Musik: Klaus Badelt/Steve K. Jablonsky/Hans Florian Zimmer
Mitspielsatz: Felix Janosa

The Black Pearl → CD IV|8

Das Opernhaus

Hereinspaziert …

Das Nationaltheater Mannheim gibt es schon seit 1777, in diesem Gebäude ist es seit 1957. Es gibt dort Opern, Schauspiele, Ballette, Kinder- und Jugendtheater zu sehen.
650 Menschen in 80 verschiedenen Berufen sorgen für dieses bunte und unterhaltsame Programm!

DAN ETTINGER ist **Generalmusikdirektor** (GMD) des Mannheimer Nationaltheaters. Er trifft gemeinsam mit dem Intendanten die Entscheidung über das **Repertoire** (die Stücke, die aufgeführt werden).

1 Wo gibt es in eurer Nähe ein Opernhaus?

2 Im **Spielplan** eines Opernhauses könnt ihr sehen, was gerade gespielt wird.
Schaut euch gemeinsam den Spielplan des Opernhauses in eurer Region an: Sortiert die Veranstaltungen nach ihrer Art:
– Opern
– Musicals
– Ballette
– Sinfoniekonzerte
– Schauspiel

Oper und Ballett	Schauspiel	Schnawwl und Junge Oper
SO 01		
MO 02	Für Smartphone-Besitzer: mobil.nationaltheater.de	**11.00** Studio · *Fr Verk* · *Eisberg nach Sizilien* · Auftragswerk für die Junge Oper · von Kurt Schwertsik nach F. K. Waechter · ab ca. 14 Jahren · *Die Junge Oper wird präsentiert von MVV Energie*
		11.00-12.00 Schnawwl · *Fr Verk* · *Tölpelhans* · von Peter Seligmann nach Hans Christian Andersen · ab 5 J.
DI 03	**20.00-21.15** Casino · *Fr Verk* · *BITCHFRESSE – Ich rappe also bin ich* · Eine szenische Spurensuche	**11.00** Studio · *Fr Verk* · *Eisberg nach Sizilien* · Auftragswerk für die Junge Oper · von Kurt Schwertsik nach F. K. Waechter · ab ca. 14 Jahren
		11.00-12.30 & 18.30-20.00 Schnawwl · *Fr Verk* · *Aussetzer* · von Lutz Hübner · ab 14 Jahren

Oper // Eugen Onegin

… und Platz genommen

Im Nationaltheater Mannheim steht heute die Oper »Eugen Onegin« von TSCHAIKOWSKY auf dem Programm. Die Textvorlage für diese Oper stammt vom russischen Schriftsteller ALEXANDER PUSCHKIN, der im frühen 19. Jahrhundert lebte.

Die Geschichte von Eugen Onegin ist eines der bekanntesten russischen Bücher. Es gibt auch einen aktuellen Kinofilm nach PUSCHKINS Roman.

PETER TSCHAIKOWSKY (1840–1893) ist der wohl bekannteste russische Komponist. Von ihm stammen auch die berühmten Ballettmusiken »Schwanensee« und »Der Nussknacker«. Er schrieb auch das **Libretto** seiner Oper »Eugen Onegin« selbst.

Das **Libretto** ist der Text und die Handlung einer Oper. Es wird entweder von einem Schriftsteller oder vom Komponisten selbst verfasst.

Loge links   2. Rang   1. Rang   Parkett   Loge rechts

3 Stellt euch vor, ihr wärt ein Komponist. Welche Geschichte würdet ihr als Vorlage für eure eigene Oper nehmen?

4 Beschreibt den Zuschauerraum des Mannheimer Nationaltheaters. Wo würdet ihr am liebsten sitzen?

Lampenfieber – Noch 60 Minuten bis zur Premiere

Hinter den Kulissen

Der **Regisseur** oder die **Regisseurin** arbeitet monatelang mit allen Beteiligten an der neuen **Inszenierung** einer Oper. Alles muss durchdacht und festgelegt werden: Die Aktionen der **Sänger**, das Bühnenbild, die Kostüme, die Requisiten, das Licht und vieles mehr. Während die **Kostümbildner** oder **Kulissenbauer** schon lange mit ihrer Arbeit fertig sind, kommen die **Ankleider**, **Maskenbildner** oder **Beleuchter** am Abend der Aufführung richtig ins Schwitzen ...

Hinter dem Zuschauerbereich und der Bühne verbergen sich in einem Opernhaus viele Räume: hier ein Blick in den Raum mit den **Requisiten** und den **Kleiderfundus**.

1 Zählt alle Berufe auf, die euch zum Thema »Opernhaus« einfallen. Denkt z. B. auch an Verwaltung, Kasse oder die Garderobe! Beim Besuch eines Opernhauses könnt ihr mehr erfahren.

Die Akteure in der Maske

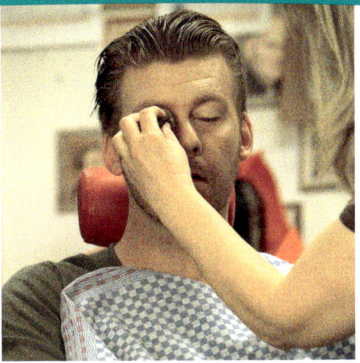

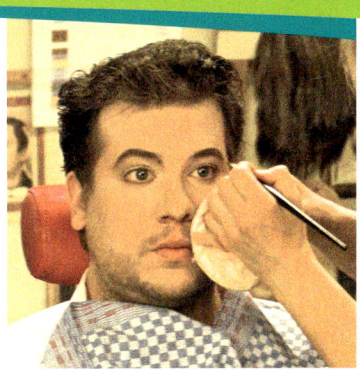

LARS MÖLLER ist »Eugen Onegin«, er hat die männliche Hauptrolle in TSCHAIKOWSKYS Oper. Er ist **Bariton** (mittelhohe Männerstimme).

MAXIMILIAN SCHMITT übernimmt die Rolle von »Lenski«, dem Freund Eugen Onegins. Er ist **Tenor** (hohe Männerstimme).

IRA BERTMAN ist **Sopranistin** (hohe Frauenstimme), sie singt »Tatjana«, die weibliche Hauptrolle.

Die **Opernsänger** sind die Stars – von ihrem Können und ihrer Nervenstärke hängt ein großer Teil des Erfolges einer Opernaufführung ab. Abend für Abend geben sie alles – live und ohne Mikrophon! → MB

Begleitet werden die Sänger vom Nationaltheater-**Orchester.** Die Besetzung eines Opernorchesters ist meist kleiner als bei einem Sinfoniekonzert (→ S. 58).

Der **Opernchor** setzt sich im Nationaltheater aus Profisängern, Musikstudenten und anderen Sängern mit klassischer Gesangsausbildung zusammen.

Das **Orchester** kommt herein, die Oboe spielt den **Kammerton** »a«, damit alle Instrumente die gleiche Stimmung haben. Dann stellt sich der **Dirigent** an das Pult ...

2 Überlegt gemeinsam: Was muss ein Dirigent können, um ein Orchester zu leiten, mit den Musikern zu proben und die Aufführungen zu dirigieren? → S. 131

Eugen Onegin (1)

Die Ouvertüre

Musik: Peter Tschaikowsky

Die **Ouvertüre** ist das instrumentale Vorspiel zu einer Oper. Hier werden die Grundstimmungen der Oper vorgestellt. Die Ouvertüre kann auch schon Melodien enthalten, die später als **Arien** (kunstvolle Lieder der Gesangssolisten) auftauchen.

1 Hört euch das Vorspiel zu »Eugen Onegin« an. Stellt euch vor, es würde sich um Filmmusik handeln. Welche Art von Filmszene könnte man damit untermalen?
→ CD IV|9

Die Handlung von »Eugen Onegin« ist sehr einfach: Erst himmelt Tatjana, das Mädchen vom Lande, den Lebemann Eugen Onegin an. Doch er lehnt sie ab, weil er sich für etwas Besseres hält. Jahre später, als Tatjana die Frau eines angesehenen Fürsten ist, findet Eugen Onegin sie interessant und erklärt ihr seine Liebe. Doch nun ist sie diejenige, die »Nein« sagt.

2 Welche Geschichten oder Filme kennt ihr, in denen es um eine komplizierte Liebesbeziehung geht? Erzählt euren Mitschülern die Geschichte.

Arie Tatjanas (→ CD IV/10):

> Du bist mir oft im Traum erschienen,
> Und immer hatt' ich dich schon lieb.
> Von deinem Blick war ich gebannt
> Und immer hört' ich deine Stimme.
> Im Traum ...? Nein, nein, es war kein Traum ...
> Du tratest ein, Du standest vor mir,
> Und vor Erregung schlug das Herz mir.
> Ja, da erkannte ich: Du bist's! Du bist's ...

Die Handlung des 1. Aktes:

Tatjana und Olga, zwei junge Mädchen vom Lande, sehnen sich nach Glück. Olga ist bereits mit dem Nachbarn Lenski, einem Dichter, verlobt. Er stellt seinen Freund, Eugen Onegin aus Petersburg, vor. Onegin beeindruckt Tatjana tief, sie verliebt sich in ihn.

Als die Männer fort sind, gesteht Tatjana Onegin in einem Brief ihre Liebe. Sie schickt ihre Amme mit dem Brief zu Onegin.

Beim nächsten Treffen mit Onegin weist dieser Tatjanas Liebe zurück: Er suche und brauche keine Liebe.

Arie Onegins (→ CD IV/11):

> Wenn für die Ehe mich auf Erden
> bestimmt ein glückliches Geschick,
> um Gatte, Vater gar zu werden,
> ich zögert' keinen Augenblick.
> Sie gleichen einem Ideal,
> ja Sie – und keine andere Wahl!
> Doch bin zur Treu' ich nicht geboren,
> mein Herz liegt mit sich selbst im Streit ...
> und unnütz wäre und verloren
> für mich all Ihre Zärtlichkeit.
> Ja, glauben Sie, die Ehe wäre
> uns beiden also nur Qual und Bürde.
> Wie sehr mein Herz mit Allgewalt
> für Sie auch spricht, es würde kalt.

3 In der Arie »Du bist mir oft im Traum erschienen« (CD IV|10) offenbart Tatjana Onegin ihre Liebe. In der Arie »Wenn für die Ehe ...« weist Onegin Tatjanas Liebe ab (CD IV|11). Hört beide Arien und lest die Texte. Wie begründet Onegin seine Haltung?

Eugen Onegin (2)

Das Duell → DVD

Pistolen-Duelle zwischen Männern waren im 19. Jahrhundert keine Seltenheit. Fühlte sich ein Mann in seiner Ehre beleidigt, konnte er den anderen zum Duell herausfordern. Das war polizeilich zwar verboten, wurde aber gesellschaftlich geduldet.

Ilya Repin: Das Duell (1901)

Die Handlung des 2. Aktes:
Bei einem Ball möchte Onegin provozieren und tanzt die ganze Zeit mit Olga, der Freundin seines Freundes Lenski. Lenski fordert ihn zum Duell.

2 In welcher Form »kämpfen« heutzutage rivalisierende Männer miteinander?

1 Hört und lest die Szene aufmerksam mit. Wie ändert sich TSCHAIKOWSKYS Musik nach dem Pistolenschuss? → CD IV|12

LENSKI, ONEGIN
während Saretzki und Guillot
die Vorbereitungen zum Zweikampf treffen
Mein Feind! Seit wann trennt unser Leben
der Feindschaft heißer Durst nach Blut!
Und haben sonst doch jedes Streben,
Gedanken, ja alles Hab und Gut
geteilt als Freunde. Wie umnachtet
von altem Hass ein jeder trachtet
nach seines einst'gen Freundes Blut.
Und Mord sinnt jeder von uns beiden.
Ach, wär's nicht vernünftiger
noch eh' wir hier vergossen unser Blut,
in alter Freundschaft froh zu scheiden?
Nein, nein, nein, nein!

Das Wiedersehen → DVD

TATJANA
Anders hat das Schicksal es gefügt.
Unwiderruflich, ich bin gebunden.
Ihre Pflicht ist jetzt,
zu geh'n, mich zu verlassen.

ONEGIN
Verlassen? Uns trennen? Ich soll gehen?
Mit wachsender Leidenschaft
Nein, nein! Können Sie mich nicht versteh'n?
Ich kann an Sie allein noch denken!
Den süssen Mund, das Lächeln seh´n,
in Ihren Anblick mich versenken!
Und all´ den Zauber nun versteh'n
solch blendender Vollkommenheit!
Vor Liebesqual und Sehnsucht vergeh´n
und sterben, das ist Seligkeit,
das ist wahre Seligkeit und ew'ger Frieden!
*Er ist vor Tatjana niedergesunken und hat ihre
Hand ergriffen.*

TATJANA
ihre Hand befreiend, erschrocken
Onegin, wenn in Ihrem Herzen Stolz und Sinn
für Ehre lebt …

ONEGIN
Nein, Sie verlassen kann ich nicht!

Beginn des 3. Aktes:
Mehrere Jahre sind vergangen – Onegin musste wegen des Duells ins Ausland fliehen und kehrt nach Russland zurück. Auf einem großen Ball trifft er Tatjana wieder. Aus dem schüchternen Mädchen vom Lande ist eine selbstbewusste Dame geworden – sie hat einen Fürsten geheiratet, den Gastgeber des prunkvollen Balls.

3 TSCHAIKOWSKYS Polonaise gibt einen musikalischen Eindruck von fürstlichen Bällen im 19. Jahrhundert. Wie unterscheidet sich die Musik von heutiger Musik zum Feiern?
→ CD IV|13

In der Schlussszene macht sich der wieder verliebte Onegin an Tatjana »ran«, die inzwischen die Frau eines Fürsten ist. Doch Tatjana weist ihn ab.

4 Beschreibt, wie Tatjana Onegin abweist. Wie erscheint euch das Verhalten von Onegin und Tatjana aus heutiger Sicht?
→ CD IV|14, DVD

PROJEKT | Songs für ein Jukebox-Musical aussuchen

Eine Handlung in fünf Schritten

Auf dieser Doppelseite wird eine einfache Musical-Handlung in fünf Schritten skizziert. Bildet fünf Gruppen: Jede Gruppe übernimmt einen der fünf Handlungsschritte. Ändert die Namen nach eurem Geschmack. Schmückt die Handlung aus und fügt weitere Personen hinzu (z. B. Freunde von Tom oder Tina). Sucht passende Songs für jede Szene.

Auf der nächsten Doppelseite findet ihr Tipps, wie ihr das Musical praktisch umsetzen könnt.

i In einem **Jukebox-Musical** werden bekannte Songs im Rahmen einer neuen Geschichte kombiniert.

1 Einleitung: Tom trifft Tina und verliebt sich in sie.

Entscheidet:

Wo und wie lernen sie sich kennen? Wer ist noch bei ihnen? Was verabreden die beiden?

Sucht einen Popsong, der vom **Verlieben** handelt, z. B.:
»Pretty Woman« (ROY ORBISON)
»Summer Lovin« (aus »Grease«)
»Blaue Augen« (IDEAL)
»Don't stop the Music« (RIHANNA)

2 Konflikt: Tinas Eltern mögen Toms Familie nicht, weil sie in einem wenig angesehenen Stadtviertel leben und verbieten ihr den Kontakt.

Entscheidet:

Wie erfahren Tinas Eltern von Tom? Wie lassen sie Tom spüren, dass er nicht dazu gehört? Wie reagiert Tina auf das Verbot, Tom zu sehen?

Sucht einen rockigen Song, in dem Ablehnung oder Zorn ausgedrückt wird, z. B.:
»Death on two Legs« (QUEEN)
»I don't like Mondays« (BOOMTOWN RATS)
»Papa don't preach« (MADONNA)
»Highway to Hell« (AC/DC)

3 **Verzögerung:** Tina und Tom treffen sich heimlich und sind sehr unglücklich.

Entscheidet:
Wo treffen sich Tina und Tom heimlich? Was schmieden sie für Pläne? Sucht eine traurige Ballade, in der es um **Abschied** oder **Liebeskummer** geht, z. B.:
»If you leave me now« (CHICAGO)
»Time to say Goodbye« (ANDREA BOCELLI)
»With or without you" (U2)
»Yesterday« (THE BEATLES)

4 **Höhe- und Wendepunkt:** Tom rettet Tinas Vater durch einen besonderen Zufall das Leben.

Entscheidet:
Wie gerät Tinas Vater in Lebensgefahr? Auf welche spektakuläre Weise kann Tom ihm das Leben retten? Wie verhalten sich beide nach der Lebensrettung? Sucht nach einer instrumentalen Musik, die **dramatisch** ist. Diese könnt ihr auf fast jeder CD mit einem Film-Soundtrack finden.

5 **Happy End:** Tinas Vater lädt Tom zu sich nach Hause zum Abendessen ein.

Entscheidet:
Auf welche Weise wird Tom zum Abendessen eingeladen? Gibt es eine Entschuldigung oder Versöhnung? Was verabreden Tina und Tom für die Zukunft?

Sucht nach einem **fröhlichen** Popsong, z. B.:
»Happy together« (THE TURTLES)
»Relight my Fire« (TAKE THAT)
»Hello Goodbye« (THE BEATLES)
»Fun Fun Fun« (THE BEACH BOYS)

PROJEKT | Eine Musical-Aufführung planen

Auf und hinter der Bühne

Nachdem ihr in Gruppen Songs für euer Musical ausgesucht habt, müsst ihr Aufgaben verteilen. Das macht die **Regisseurin** oder der **Regisseur**. Für jeden gibt es etwas zu tun!

1 Die **Darsteller** müssen sich ganz mit der Rolle, die sie spielen, identifizieren. Bei den Songs könnt ihr zum Original mitsingen oder nur die Lippen bewegen. Sprechen und euch bewegen müsst ihr euch selbst!

2 Auch die Bühne muss gut und passend aussehen. Die **Requisite** sorgt für die richtigen Gegenstände in der Handlung, die **Bühnenbauer** und **Kulissenmaler** kümmern sich um Hintergründe.

3 Wer nicht singen oder sprechen möchte, kann sich mit anderen zu einer **Tanzgruppe** zusammentun.

4 Darsteller und Tänzer müssen gut aussehen! Wenn ihr Interesse an **Kostüm** und **Maske** (Schminken) habt, ist das euer Job!

Ton, Licht und Programm

Musiktheater am
Max-Planck-Gymnasium

Linie1

Musical von Birger Heymann und Volker Ludwig

am 08. / 09. / 15. / 16. / 20. Mai
um 20.00 Uhr

5   Im richtigen Moment die richtige Musik: Einer von euch übernimmt Verantwortung für die **Tontechnik**.

6   Auch die **Beleuchtung** muss geregelt werden, sowohl auf der Bühne als auch im Zuschauerraum. Besondere Effekte wie Stroboskop oder künstlicher Nebel gehören auch in diesen Aufgabenbereich.

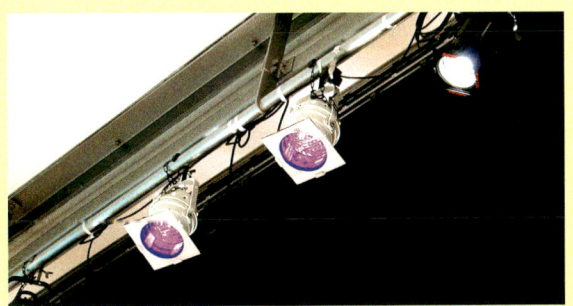

7   Macht Werbung! Mit einem schönen **Plakat** könnt ihr die Aufmerksamkeit auf eure Aufführung lenken. Nicht vergessen:
Wer?
Was?
Wann?
Wo?

8   Eine Aufführung vor anderen Schülern oder vielleicht auch vor Eltern kann ganz schön anstrengend sein. An der **Kasse** und im **Saal** gibt es deswegen immer jemanden, der bei Problemen hilft und die Ruhe bewahrt.

Blues – Jazz – Pop

Jazz

Rock 'n 'Roll

ELVIS PRESLEY

Protest

DJ

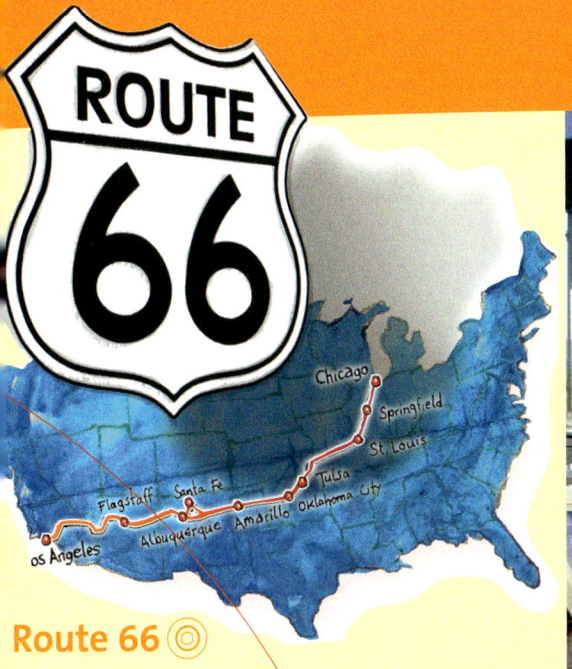

Route 66 ◎

Casting ◎

Punk ◎

Pop-Star ◎

Blues

Viel Ausdruck mit wenigen Tönen

Blues oder bluesähnliche Musik ist auf der ganzen Welt zu hören. Ursprünglich aber kommt diese Musik aus dem Süden der USA. Vor 100 Jahren trugen die Bluessänger ihre Songs über Armut, Liebe und ganz gewöhnliche Alltagsprobleme nur zur Gitarre vor.
Die **zwölftaktige Blues-Form** wurde zum festen Bestandteil anderer Musikrichtungen wie Rhythm & Blues, Rock 'n' Roll oder Jazz.

1 Kennt ihr Namen von bekannten Musikern, die Blues, Rock 'n' Roll oder Jazz spielen?

2 Singt »Got The Blues« zum Playback aus Gitarre und Mundharmonika mit. → CD IV|15

Muddy Waters (1915–1983), Gitarrist, Mundharmonikaspieler und Sänger

Got the Blues

Musik und Text: mündlich überliefert aus den USA
Bearbeitung: Felix Janosa

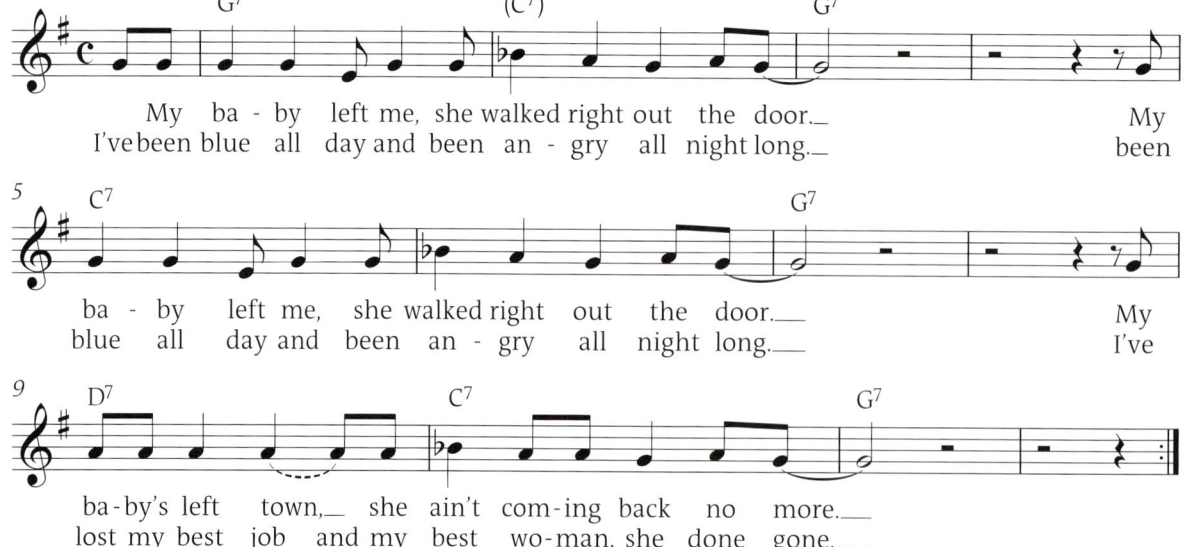

My ba-by left me, she walked right out the door.__ My
I've been blue all day and been an-gry all night long.__ been

ba-by left me, she walked right out the door.__ My
blue all day and been an-gry all night long.__ I've

ba-by's left town,__ she ain't com-ing back no more.__
lost my best job and my best wo-man, she done gone.__

Begleitung für die Blues-Form

3 Schreibt die Akkorde dieses Blues in eurem Heft in folgender Weise auf. Ergänzt dabei die fehlenden **Akkord-Symbole** (→ S. 97).

/	G⁷	/	G⁷	/	??	/	??	/
/	??	/	??	/	??	/	??	/
/	??	/	??	/	??	/	??	/

4 Nun habt ihr ein **zwölftaktiges Schema** erstellt, mit dem ihr selbst ein Boogie- oder Bluesstück begleiten könnt. Spielt zunächst nur die Grundtöne zum Playback.
→ CD IV|15

5 Wenn ihr genügend Instrumente beisammen habt, könnt ihr das Stück mit diesem Arrangement auch ohne Playback musizieren.

Arrangement: Felix Janosa

Improvisieren zu einem Boogie → DVD

Der **Boogie** ist ein Klavierstil, der auf dem **Blues** und seiner Form basiert. Die linke Hand des Klavierspielers wiederholt ständig eine Begleitfigur wie diese:

1 Ihr könnt schon mit drei Tönen zu diesem Boogie mitspielen: d, f und g.
Auch auf der Gitarre sind diese drei Töne leicht zu spielen: leere D-Saite, 3. Bund D-Saite (f), leere G-Saite.
Warm-Up: Lasst als Erstes das Playback laufen und spielt einfach alle gleichzeitig auf eurem Instrument mit. Wie und was ihr spielt, ist jetzt nicht so wichtig, Hauptsache ihr beschränkt euch auf die drei angegebenen Töne!

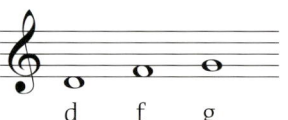

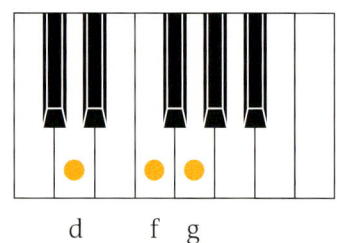

2 Ihr werdet gemerkt haben: Wenn alle gleichzeitig improvisieren, ist das Klangergebnis etwas chaotisch. Was tun?
Ihr müsst eine Reihenfolge festlegen, in der die Spieler ein Solo improvisieren. Den Startpunkt für ein neues Solo könnt ihr auf dem Playback gut hören: Der Schlagzeuger markiert den Beginn eines neuen **Chorus** (einen Durchlauf durch die Form) immer mit einem deutlichen Akzent auf dem Becken! → CD IV|16

Tipps zum Improvisieren

Achtet auf den Rhythmus der Band! Ein einfaches und prägnan-
tes rhythmisches Motiv auf einem Ton hat schon eine starke
Wirkung:

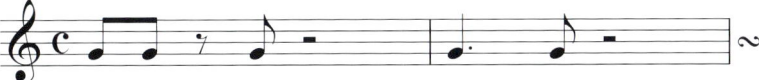

Scheut euch nicht, ein melodisches Motiv einfach zu wiederholen:

Statt Wiederholung könnt ihr später an eurem Motiv auch etwas verändern (variieren):

Beginnt mit einem oder zwei Tönen und fangt dann an, euer Solo **aufzubauen**. Mischt
z. B. kurze und lange Notenwerte! Spielt unten, spielt oben! Spielt leise, spielt laut!

3 Auch diese drei Töne kann man gut
über die zwölf Takte der Bluesform in G
spielen.
Beschreibt den Unterschied zum Spielen mit
den drei Tönen aus Aufgabe 1.

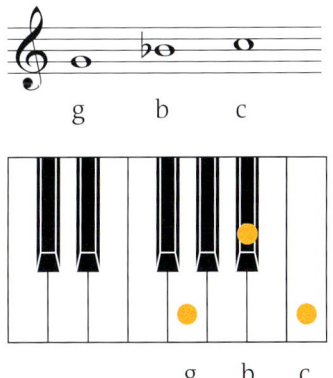

4 Letzter Schritt: Fasst alle Töne zusammen und nehmt noch zwei weitere dazu.
Diese beiden hören sich besonders interessant
an, wenn man sie zum Playback spielt. Nun beherrscht ihr die **Blues-Tonleiter** auf dem Ton g!

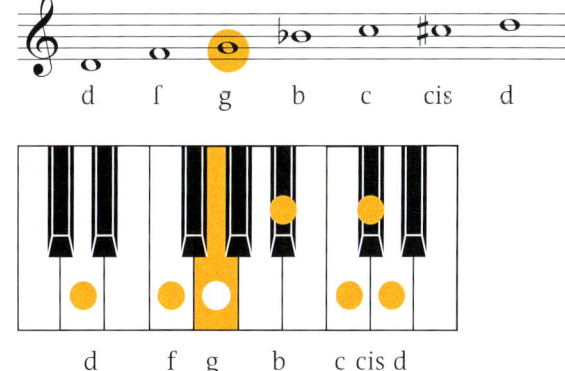

Jazz

Basin Street – Die Straße des Jazz

1 Die Basin Street in New Orleans (USA) war um 1900 eine große, elegante Straße, wo die reicheren Leute abends spazieren gingen.
Singt den Refrain des »Basin Street Blues« zum Playback mit. → CD IV|17, → MB

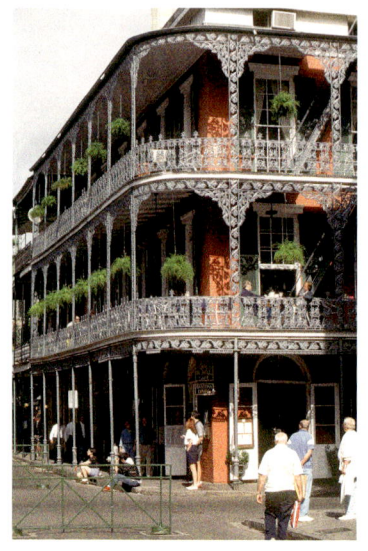

Basin Street Blues (Refrain)

Musik und Text: Spencer Williams

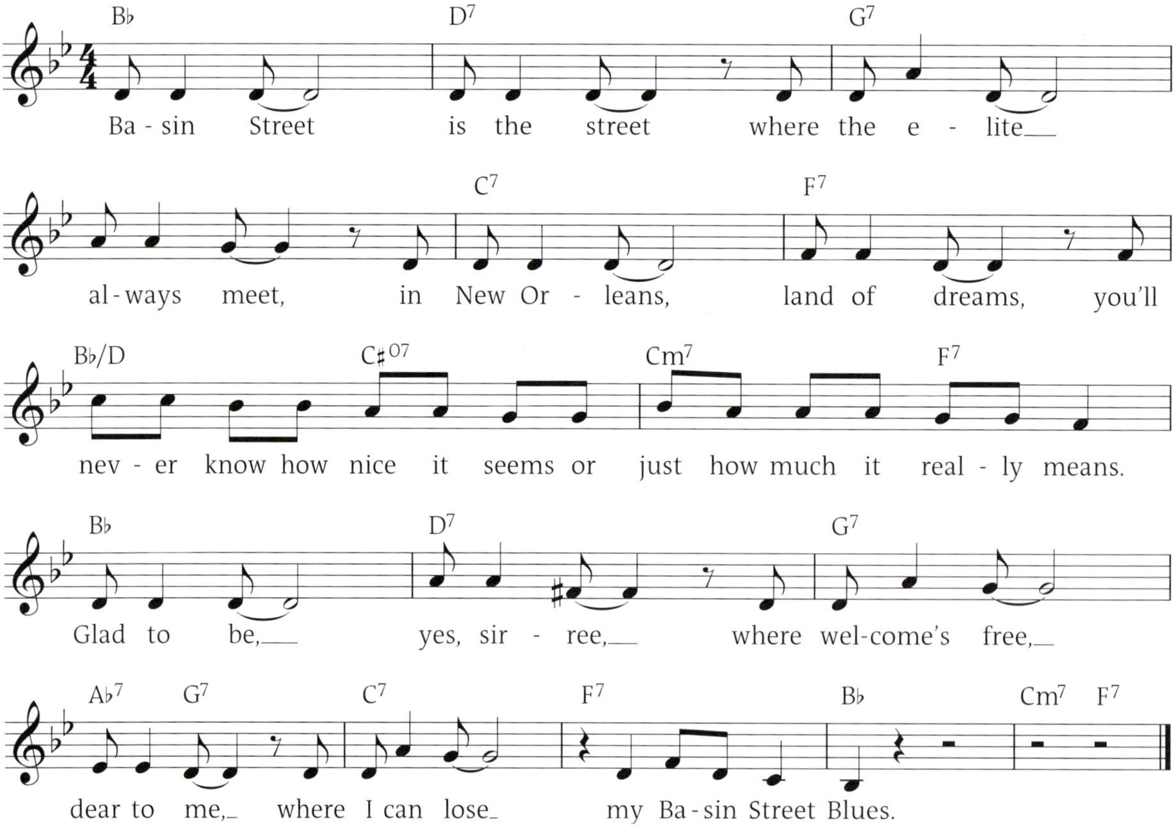
B♭ D7 G7
Ba - sin Street is the street where the e - lite
C7 F7
al - ways meet, in New Or - leans, land of dreams, you'll
B♭/D C♯o7 Cm7 F7
nev - er know how nice it seems or just how much it real - ly means.
B♭ D7 G7
Glad to be, yes, sir - ree, where wel-come's free,
A♭7 G7 C7 F7 B♭ Cm7 F7
dear to me, where I can lose my Ba - sin Street Blues.

»Basin Street Blues« in zwei Versionen

Um 1900 war New Orleans, die Stadt an der Mündung des Mississippi, ein heißes Pflaster. Überall spielten Pianisten oder Bands zum Tanz oder zur Unterhaltung auf. Eine Besonderheit vieler Musiker aus New Orleans: Sie konnten über bekannte Melodien und die Form des Stückes **improvisieren**, das heißt: spontan eigene Melodien erfinden.

2 Auf dem Playback kommen nach dem Refrain drei Durchgänge (Chorusse) über die Akkorde des Refrains. Improvisiert selbst: Im ersten **Chorus** nur auf dem Ton d, im zweiten nehmt ihr den Ton a dazu, im dritten Chorus noch den Ton f. → CD IV|18, → DVD

Louis Armstrong

Miles Davis

3 Louis Armstrong (1900–1971) und Miles Davis (1926–1991) sind die beiden bekanntesten Trompeter des Jazz. Hört euch den Refrain des »Basin Street Blues« in ihren Versionen an. Welcher Trompeter hält sich stärker an die ursprüngliche Melodie, welcher nimmt sich mehr musikalische Freiheiten? → CD IV|19–20

4 Hört euch nun auch den Beginn beider Aufnahmen an. Fallen euch weitere musikalische Unterschiede auf? → CD IV|21–22

»Route 66« – Cover-Versionen

Ein Standard-Song

Die »Route 66« wurde durch einen Song welt-berühmt: Hier fuhren jahrzehntelang schwer beladene Trucks von Chicago nach Los Angeles. Der Songschreiber BOBBY TROUP (1918–1999) zählte die Stationen der Straße in seinem Song auf. Der Jazzpianist und Sänger NAT KING COLE (1917–1965) nahm den Song im März 1946 als erster auf und landete damit einen großen Jazz-Hit.

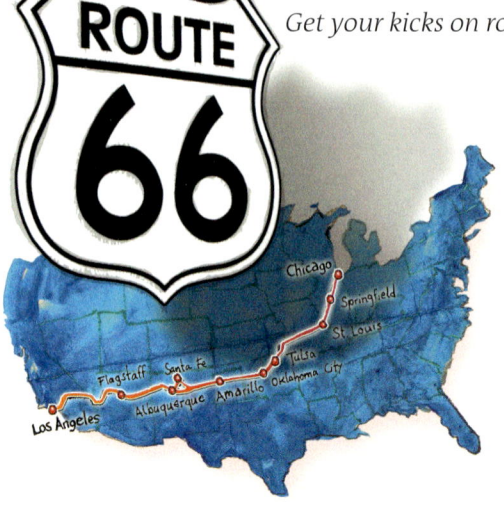

If you ever plan to motor west,
Travel my way,
Take the highway that's the best:
Get your kicks on route 66.

The Rolling Stones

1 Hört euch die Originalaufnahme von »Route 66« an. Welche Orte werden aufgezählt? Welche könnt ihr auf der USA-Karte finden? → CD IV|23

»Route 66« entwickelte sich im Verlaufe der Zeit zu einem **Standard**, einem beliebten Song, der immer wieder von neuen Interpreten als **Cover-Version** aufgenommen wurde, z. B. 1962 von CHUCK BERRY, 1964 von den ROLLING STONES oder 1986 von DEPECHE MODE.

The Cheetah Girls

Eine der jüngsten Fassungen von »Route 66« stammt von den CHEETAH GIRLS, einer Pop-gruppe, die vom Disney-Konzern für einen Kinofilm zusammen gestellt wurde. Zum Animationsfilm »Cars« wurden die Produzenten der CHEETAH GIRLS beauftragt, eine neue Fassung von »Route 66« im aktuellen Sound aufzunehmen.

Instrumentation, Groove und Interpretation

2 Eine **Cover-Version** kann sich in vielerlei Hinsicht von der **Originalaufnahme** unterscheiden. Das NAT KING COLE TRIO spielt auf den Instrumenten Piano, E-Gitarre und Kontrabass. → CD IV|23, → DVD
Wie unterscheidet sich die Instrumentation dieses Originals von den Versionen der ROLLING STONES, DEPECHE MODE und der CHEETAH GIRLS? → CD IV|24–26

Das Nat-King-Cole-Trio

3 Achtet beim nächsten Hördurchgang auf das **Tempo** und die Art des Grooves.
Mit **Groove** bezeichnet man die besondere Art der Begleitung, die einen musikalischen Stil ausmacht. Hier einige Vorschläge zur Einordnung:

WEICH · Electropop · ELEGANT · JAZZ · HIP-HOP · Kräftig · FLOTT · Rockig · DANCEFLOOR · ZUM TANZEN

Depeche Mode

4 Welche der vier Versionen von »Route 66« gefällt euch am besten?
Findet Gründe, warum die **Interpretation** des Songs, die ihr am besten findet, besonders gelungen ist.
Hier eine Checkliste, die euch hilft, Argumente zu finden:
– die Stimme des Sängers
– die verwendeten Instrumente
– der Aufbau des Stückes
– der Sound der Produktion

Pop – Heile Welt und Provokation

Elvis, der Elternschreck

1 Nach dem Ende des Zweiten Weltkrieges (1945) wurden die USA zum wohlhabendsten Land der Welt. Hört euch drei typische Titel aus dieser Zeit an. Beschreibt das Image von DEAN MARTIN, JULIE ANDREWS und PATTI PAGE auf ihren Schallplattenhüllen. → CD IV|27–29

1956 schrieb ein kleiner Gebrauchtwagenhändler auf ein Plakat an seinem Geschäft:

Wir garantieren, dass wir in Ihrer Gegenwart fünfzig Elvis-Presley-Platten zerbrechen, wenn Sie noch heute eines dieser Autos kaufen.

An diesem Tag verkaufte der Mann fünf Autos.

2 Beschreibt die Unterschiede des ELVIS-Covers zu den Platten oben auf der Seite. Wie könnt ihr euch die Werbung des Autohändlers erklären?

Die Zähmung eines Popstars

1956, als ELVIS PRESLEY (1935–1977) weltweit bekannt wurde, waren sich die meisten US-Amerikaner einig: Dieser Sänger hat mit seiner Musik und seinen anzüglichen Bewegungen einen schlechten Einfluss auf alle Jugendlichen!

Bei seinen ersten Auftritten im Fernsehen durften seine Hüftbewegungen nicht gezeigt werden, die Kameras zeigten nur seinen Oberkörper.

Die Jugendlichen hingegen waren begeistert: Endlich hatten sie ein Idol und eine Musik, die nur ihnen selbst gehörte.

Die »Wildheit« von ELVIS PRESLEY legte sich in wenigen Jahren – mit steigendem Erfolg nahm er sanftere Musiktitel auf. Außerdem drehte er eine endlose Reihe von Kinofilmen, in denen entweder geflirtet oder gesungen wurde.

3 Hört euch eine erfolgreiche Single aus der Frühzeit von ELVIS (»Jailhouse Rock«) an und eine, die vier Jahre später entstand (»Can't help falling in Love«). → CD IV|30–31, → MB
Beschreibt die Unterschiede im
– Gesangsstil
– Arrangement
– und in der Art des Songs.

4 Welche Popstars sorgen heute bei euren Eltern oder in der Presse für Aufregung? Welche Tabus brechen sie?
Diskutiert, was die Gründe für die Handlungsweise der Pop- oder Rockstars sein könnten. Was haltet ihr von ihrem Auftreten?

Ein Beatles-Song – Vom Demo zum Master

Das Demo

Die vier Musiker der BEATLES trafen sich im Mai 1968 im Hause ihres Gitarristen GEORGE HARRISON (1943–2001). Auf einer Bandmaschine nahmen sie innerhalb einer Woche **Demos** von 23 neuen Songs auf. 17 dieser Songs wurden danach im Studio weiterentwickelt und auf dem »Weißen Album« veröffentlicht. Einer dieser Songs war PAUL MCCARTNEYS »Honey Pie«.

1 Hört euch das kurze **Demo** von »Honey Pie« an. Welche Instrumente sind zu hören? → **CD V|1**

Ein **Demo** (Demonstrations-Aufnahme) dient dazu, die Musik, den Text und die Form eines Songs vorzustellen. Es ist noch nicht fertig produziert, oft fehlen entscheidende Elemente, die bei der endgültigen Produktion noch hinzu kommen.

Honey Pie

Musik und Text: John Lennon/Paul McCartney

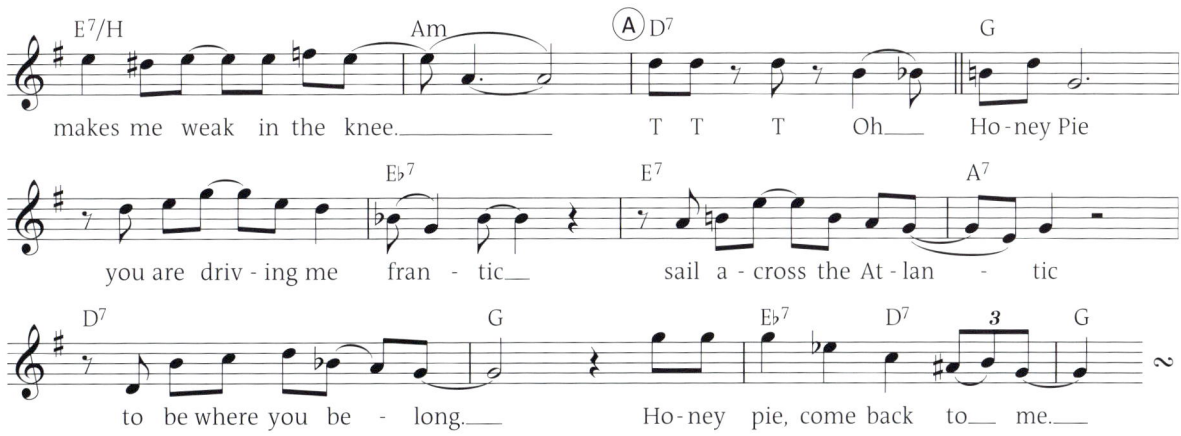

makes me weak in the knee.

A T T T Oh Ho-ney Pie

you are driv-ing me fran-tic sail a-cross the At-lan-tic

to be where you be-long. Ho-ney pie, come back to me.

Das Arrangement und das Master

PAUL MCCARTNEY (*1942) hatte die Idee, »Honey Pie« wie einen Schlager aus den 1920er-Jahren klingen zu lassen. Dafür musste ein **Arrangement** geschrieben werden:
Zu den vier Instrumenten der Beatles (Gitarre, Bass, Schlagzeug, Piano) kamen noch weitere hinzu, die von **Studiomusikern** gespielt wurden.

2 Stellt euch vor, ihr wärt ein Musikproduzent. Was hättet ihr den Beatles geraten, um aus diesem Demo einen längeren, vollwertigen Titel zu machen?

3 Welche weiteren Instrumente könnt ihr im fertigen Arrangement von »Honey Pie« hören? → CD V|2

4 Das **Master**, die fertige Aufnahme von »Honey Pie«, ist länger als das Demo, besitzt also zusätzliche Formteile. Damit ihr es gut mit dem Demo vergleichen könnt, findet ihr auf einem Materialblatt die Formteile des fertigen Songs. Welche Formteile sind im Demo noch nicht vorhanden? → CD V|1–2, MB

Intro: She was a working girl …
A-Teil: Honey Pie, you are making me crazy …
A-Teil: Honey Pie, my position is tragic …
B-Teil: You became a legend …
A-Teil: Honey Pie, you are
A-Teil: Gitarren-Solo
A-Teil: Orchester (I like this hot of kind music)
B-Teil: Will the wind back blew her boat …
A-Teil: Honey Pie, you are making me crazy …
A-Teil: Orchester spielt Melodie …

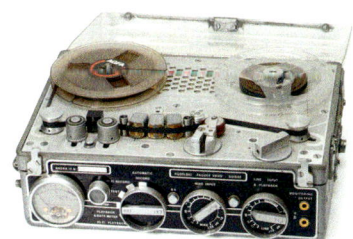

Analoges Mastering auf Tonband

Punk – Provokation und Verweigerung

God save the Queen

Mai 1977 – Skandal in England: Zum 25-jährigen Thronjubiläum beschimpft die Band SEX PISTOLS Königin ELIZABETH II. (*1926) mit diesem Song, den Sänger JOHN LYDON getextet hatte.

1 Hört euch »God save the Queen« an und lest den Text dazu. Wie geht der Text weiter und wie endet er? Welchen Eindruck macht das Ende des Songs auf euch? → CD V|3

Text: Paul Thomas Cock/Steve
Jones/John Lydon/Glen Matlock

God save the queen, the fascist regime	*Gott schütze die Königin, das faschistische Regime.*
They made you a moron	*Sie machten aus dir einen Trottel,*
Potential H-bomb	*eine wandelnde Wasserstoffbombe.*
God save the queen,	*Gott schütze die Königin,*
she ain't no human being	*sie ist kein menschliches Wesen.*
There is no future	*Es gibt keine Zukunft*
In England's dreaming	*in Englands Träumereien.*
Don't be told what you want	*Lass dir nicht sagen, was du willst,*
Don't be told what you need	*lass dir nicht sagen, was du brauchst,*
There's no future, no future,	*es gibt keine Zukunft, keine Zukunft,*
No future for you	*keine Zukunft für dich*
God save the queen, we mean it man	*Gott schütze die Königin, wir meinen das ernst, Mann.*
We love our queen, God saves	*Wir lieben unsere Königin, Gott schützt,*
God save the queen	*Gott schütze die Königin.*
'Cause tourists are money	*Weil Touristen Geld bringen*
And our figurehead	*und unsere Gallionsfigur*
Is not what she seems	*nicht das ist, was sie scheint.*
Oh God save history	*Oh, Gott schütze die Geschichte,*
God save your mad parade	*Gott schütze euren verrückten Marsch.*
Oh Lord God have mercy	*Oh, Gott hab' Erbarmen.*
All crimes are paid	*Alle Verbrechen sind bezahlt.*
When there's no future	*Wenn es keine Zukunft gibt,*
How can there be sin	*wie kann es dann Sünde geben?*
We're the flowers in the dustbin	*Wir sind die Blumen im Mülleimer.*
We're the poison in your human machine	*Wir sind das Gift in eurer Mensch-Maschine.*
We're the future, your future [...]	*Wir sind die Zukunft, eure Zukunft. [...]*

Die Punk-Ära

2 Vergleicht die Musik der Sex Pistols (1977) mit »Money Money Money« von Abba (1976). → V|4

Was könnte die Hörer Ende der 1970er-Jahre an der Musik der Sex Pistols provoziert haben? Achtet auf:
– die Gesangsstimme
– den Sound der Gitarre und
– den Aufbau des Songs.

A   E   G

Sex Pistols

3 *»Dies ist ein Akkord.«*
»Dies ist ein weiterer Akkord.«
»Dies ist ein dritter.«
»Nun gründe eine Band.«

Lasst euch von jemandem mit Gitarrenerfahrung die drei Akkorde vorspielen.
Was könnte der Sinn hinter diesem Spruch aus der Punk-Ära (1976–1981) sein?

4 Der Punk-Stil hat sich bis heute auf der ganzen Welt als Mode erhalten. Diskutiert: Was wollen heutige Punker ausdrücken, wenn sie auf die Jugendmode von 1976–1980 zurückgreifen?

5 Welche Arten von Mode sind aktuell bei Jugendlichen angesagt? Mit welcher Form von Musik sind sie verbunden? Bringt Beispiele von CDs oder aus Musikzeitschriften mit in den Unterricht.

Hip-Hop – Der Diskjockey wird Musiker

Lernt Grandmaster Flashs Schallplattensammlung kennen

Der DJ GRANDMASTER FLASH (*1958 als Joseph Saddler) entwickelte ab 1976 mit zwei Plattenspielern die Grundlagen des **DJing**: Er spielte Platten mit gleichem Tempo parallel ab und schaltete zwischen den Platten hin und her (**Cutting**) oder er wiederholte durch Rückwärtsdrehen (**Backspinning**) bestimmte Abschnitte. So schuf er Abend für Abend neue Musikstücke aus den »Schnipseln« seiner riesigen Plattensammlung.

1 Teilt eure Klasse in kleine Gruppen auf. Jede Gruppe hört sich einen Titel aus GRANDMASTER FLASHS Plattensammlung an. Prägt euch vor allem den Groove, die Arbeit von Bass und Schlagzeug ein.
→ CD V|5–11

Abenteuer auf dem Plattenteller

Sein Stück »Adventures on the Wheels of Steel« spielte GRANDMASTER FLASH live im Studio ein. Mit dem **Crossfader** schaltete er zwischen zwei Schallplattenspielern hin und her. Während auf dem einen die Platte ablief, konnte er die Platte auf dem anderen Spieler auswechseln. Um weiter »Löcher zu füllen« oder bestimmte Geräusche hinzuzufügen, nahm er für die Aufnahme einen dritten Schallplattenspieler hinzu.

2 Habt ihr euch euren Titel aus der Platten-Sammlung gut eingeprägt? Dann hört euch an, wie GRANDMASTER FLASH all diese Titel kombiniert. Hebt die Hand, wenn ihr euren Titel wieder erkennt. → CD V|12
Erstellt beim zweiten und dritten Hördurchgang eine Liste mit der Reihenfolge der aufgelegten Schallplatten. Haltet mit der Pausentaste ruhig den Titel immer wieder mal an. → MB

3 Habt ihr zu Hause selbst CDs mit Hip-Hop oder Rap? Schaut doch einfach mal im **Booklet** (Textbeilage einer CD) nach, ob der Künstler Ausschnitte aus fremden Songs (**Samples**) benutzt hat.
Ihr könnt den Hinweis an den Worten »contains portions« oder »contains a sample« erkennen. Hier ein Beispiel:

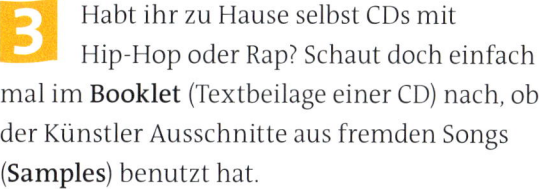

"No Time To Play" includes portions of "Satin Soul" written by Barry White and published by Savette Music Inc./Unichappell Music Inc. (BMI). Satin Soul performed by Barry White, used under license from Polygram Special Markets.

"Slicker Than Most" contains portions of "It Feels So Good". Material performed by Grover Washington used under license from Sony Music Entertainment

Vermerk im Booklet der CD »Jazzmatazz« des Rappers Guru

Popmusik im Kalten Krieg – »99 Luftballons«

Ein Song kann eine Geschichte erzählen

Die Idee zum Song »99 Luftballons« kam dem Nena-Gitarristen Carlo Karges (1951–2002) 1982 in West-Berlin. Die Gruppe hatte riesige Trauben bunter Luftballons in den Himmel geschickt. Da überlegte sich der Musiker: »Was wäre, wenn die Dinger vom Wind rübergetrieben werden in den Osten und dort eine Paranoia [Verfolgungswahn] auslösen?«

1 Viele ältere Pop-Songs kennt ihr aus der Fernsehwerbung, aus Karaoke-Spielen wie »Singstar« oder aus Oldie-Zusammenstellungen auf CDs. Die Musik ist euch vertraut – aber habt ihr auch einmal auf den Text geachtet?

Lest den Text von »99 Luftballons« aufmerksam durch – auch wenn ihr den Song vielleicht schon oft gehört habt. Welche Geschichte wird dort ab der zweiten Strophe erzählt?

99 Luftballons   Text: Carlo Karges

1. Hast du etwas Zeit für mich,
   dann singe ich ein Lied für dich
   von 99 Luftballons
   auf ihrem Weg zum Horizont.
   Denkst du vielleicht grad an mich,
   dann singe ich ein Lied für dich
   von 99 Luftballons
   und dass so was von so was kommt.

2. 99 Luftballons
   auf ihrem Weg zum Horizont
   hielt man für UFOs aus dem All,
   darum schickte ein General
   'ne Fliegerstaffel hinterher,
   Alarm zu geben, wenn's so wär,
   dabei war'n dort am Horizont
   nur 99 Luftballons.

3. 99 Düsenflieger –
   jeder war ein großer Krieger –
   hielten sich für Captain Kirk,
   das gab ein großes Feuerwerk.
   Die Nachbarn haben nichts gerafft
   und fühlten sich gleich angemacht.
   Dabei schoss man am Horizont
   auf 99 Luftballons.

4. 99 Kriegsminister –
Streichholz und Benzinkanister –
hielten sich für schlaue Leute,
witterten schon fette Beute.
Riefen: »Krieg!« und wollten Macht,
Mann, wer hätte das gedacht,
dass es einmal so weit kommt
wegen 99 Luftballons,
wegen 99 Luftballons,
99 Luftballons.

5. 99 Jahre Krieg
ließen keinen Platz für Sieger.
Kriegsminister gibt's nicht mehr,
und auch keine Düsenflieger.
Heute zieh' ich meine Runden,
seh' die Welt in Trümmern liegen.
Hab' 'n Luftballon gefunden,
denk an dich und lass ihn fliegen.

»99 Luftballons« früher und heute

Als »99 Luftballons« entstand, war Deutschland noch in zwei Länder geteilt: in die BRD (Bundesrepublik Deutschland) und die DDR (Deutsche Demokratische Republik). Es herrschte der **Kalte Krieg** zwischen den westlichen, also mit den USA verbündeten Staaten, und den kommunistischen Staaten im Osten. In der Bundesrepublik sollten neue Atomraketen stationiert werden, um die Sowjetunion und ihre Verbündeten zum Abzug ihrer Atomraketen zu zwingen. Diese Politik der atomaren Abschreckung gefiel nicht allen. 300 000 Anhänger der **Friedensbewegung** versammelten sich am 10. Oktober 1981 in der damaligen Hauptstadt Bonn und demonstrierten gegen das politische Spiel mit den Atomwaffen.

Anti-Atomwaffen-Demonstration, Bonn 1981

2 Beschreibt anhand der Informationen und des Fotos, welche Ängste die Menschen, besonders aber die Jugendlichen, im Jahre 1981 gehabt haben können.
In welcher Form reagiert der Text von NENAS Song auf diese Ängste? → CD V|13

3 Hört euch nun den Song in der neuen Version an, die NENA (*1960 als Gabriele Susanne Kerner) im Jahre 2002 aufgenommen hat. → CD V|14
Gefällt euch diese Fassung besser als die alte von 1982? Was ist euch bei dem Song wichtiger – die Musik oder der Text?

Im Rampenlicht – Sängerin Beyoncé

Mit Papas Hilfe zum Megastar

Nur eine dieser vier Sängerinnen war zum Megastar bestimmt: Der geschäftstüchtige Vater MATHEW KNOWLES baute um seine Tochter BEYONCÉ (*1981, Zweite von links) das Mädchenquartett DESTINY'S CHILD auf. Die Neben-Sängerinnen wurden – sobald sie sich über die Bevorzugung von BEYONCÉ beschwerten – schnell ausgetauscht.

1 Bereits nach vier Jahren bei einer großen Plattenfirma wurde die Gruppe DESTINY'S CHILD aufgelöst, um den Weg für BEYONCÉS Solo-Karriere frei zu machen. Vergleicht einen Titel der Gruppe (»Say my Name«) mit einem Hit, den BEYONCÉ als Solistin hatte (»Baby Boy«). Achtet dabei vor allem auf die Gesangsparts. → CD V|15–16

2 Die Hochzeit mit dem amerikanischen Rapper, Musikproduzenten und Multimillionär JAY-Z war der anhaltenden Karriere von BEYONCÉ besonders förderlich: Nun konnte die Presse nicht nur über die Musik der Sängerin, sondern auch über die Beziehung der beiden Superstars schreiben!
Diskutiert: Was findet ihr selbst an weltbekannten Popstars interessant?
Was glaubt ihr: Welchen Einfluss haben Schlagzeilen in den Medien auf die Karriere und das Leben von Popstars?

Beyoncé – Eine Frau für alle Fälle

3 BEYONCÉS Aktivitäten gehen inzwischen weit über den Beruf einer Pop-Sängerin hinaus. Beschreibt, welche unterschiedlichen Funktionen sie auf den Fotos hat.

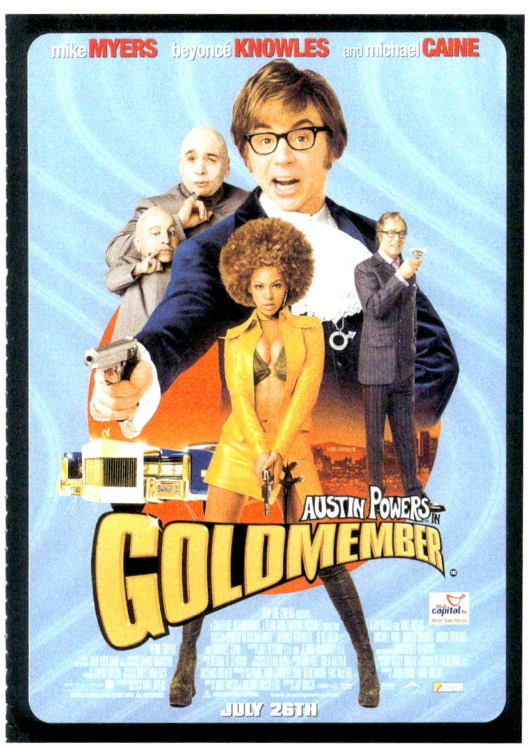

4 Welche anderen weltweit vermarkteten Megastars fallen euch noch ein? Vergleicht deren Image mit dem von BEYONCÉ.

Musik im TV – Castingshows

Deutschland sucht seine Superstars

1 Ob »Popstars«, »Supertalent« oder »Deutschland sucht den Superstar« (DSDS):
In **Castingshows** geben Fernsehsender seit zehn Jahren Nachwuchstalenten die Möglichkeit, ein »Superstar« zu werden. Welche erfolgreichen Teilnehmer kennt ihr aus aktuellen und alten Staffeln? Welche besonderen musikalischen Fähigkeiten haben sie?

2 Die dreiköpfige **Jury** sorgt in den Castingshows für die Unterhaltung: Die Kandidaten werden wahlweise gelobt, beraten, ausgelacht oder beschimpft.
Sachliche Hinweise zum wirklichen Können der Teilnehmer werden selten gegeben.
Nennt Namen von Jurymitgliedern, die ihr kennt. Wie gehen sie mit den Kandidaten um? Was könnten die Gründe für ihr Verhalten sein?

Zuschauer-Voting für eine DSDS-Staffel:

3 Geld wird in den Castingshows mit den Anrufen der Zuschauer verdient: Sie rufen bei jeder neuen Entscheidung für ihre musikalischen Lieblinge zu einem erhöhten Telefontarif an.
Schaut euch gemeinsam einen Ausschnitt aus einer DSDS-Folge an: Was tun eurer Meinung nach Jury und Regie, um möglichst viele Zuschauer an den Telefonhörer zu bringen?

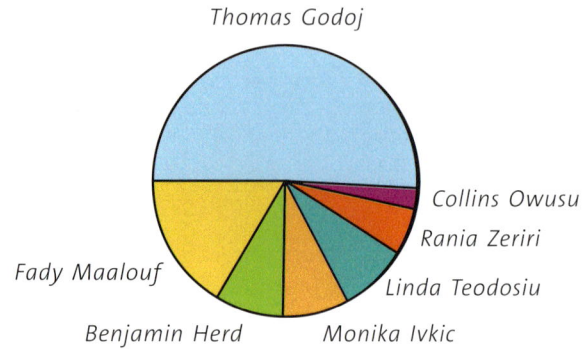

Thomas Godoj
Collins Owusu
Rania Zeriri
Linda Teodosiu
Monika Ivkic
Benjamin Herd
Fady Maalouf

Superstar für wenige Wochen

2009 bewirbt sich MEHRZAD MARASHI (*1980) für die siebte Staffel von DSDS (Deutschland sucht den Superstar). Bereits einen Tag nach Ende des Finales belegt MEHRZAD als Gewinner 2010 mit dem Lied »Don't Believe« Platz 1 der deutschen Download-Charts.
Wenige Wochen später: Mit dem Erfolg von

LENA MEYER-LANDRUT (*1991) beim »Grand Prix Eurovision de la Chanson« verschwindet das Medien-Interesse an MEHRZAD. LENAS Auftritt erreichte allein in Deutschland fast 15 Millionen Fernsehzuschauer, nach dem Sieg landete sie mit drei Singles gleichzeitig in den Plattencharts.

Mehrzad Marashi beendet nach seinem erfolgreichen Debüt-Album die Zusammenarbeit mit Erfolgsproduzent und Superstar-Jurymitglied Dieter Bohlen. Marashi sieht positiv in seine musikalische Zukunft: »Ich bin dabei, deutsche Texte zu schreiben und arbeite an einem deutschen Album.« Mehrzad Marashi: «Ich komme auch ohne Dieter Bohlen in die Charts«
rtl.de 19.8.2010

Mehrzad hofft auf eine goldene Zukunft im Musikgeschäft, vertraut ganz auf Pop-Titan Dieter Bohlen (56). Mehrzad: »Ich habe jetzt zwei Profis an meiner Seite und eine Plattenfirma, die mich unterstützt. Ich hoffe, dass sie mir den richtigen Weg weisen werden. Ich habe ja noch nicht die Erfahrung gesammelt, um eigene, große Entscheidungen zu treffen, bin noch auf Hilfe angewiesen.« Als Gewinner der DSDS-Show hat Mehrzad einen Plattenvertrag mit Sony Music bekommen, als erste Single erscheint der DSDS-Siegersong »Don't Believe« (aus der Feder von Dieter Bohlen).
Bild.de 18.4.2010

Leider musste die Mehrzad-Marashi-Tournee aufgrund mangelnder Nachfrage abgesagt werden. Es wird eine neue Tour geben. Sowie die Termine hierzu fest stehen, werden diese hier auf der Website veröffentlicht werden.
mehrzad-marashi.tv 18.8.2010

4 Bildet drei Gruppen – jede liest einen der drei Artikel aus dem Internet. Erzählt den anderen, worum es in diesen Zeilen geht. Wie hat sich nach eurer Meinung die Karriere von MEHRZAD entwickelt?

5 Gebt auf Wikipedia die Stichworte »Mehrzad Marashi« und »Lena Meyer-Landrut« ein. Wie ist es mit den beiden Karrieren in der Zwischenzeit weitergegangen?

Musik in der ganzen Welt

◎ Crossover – Balkan Brass

Johannesburg
Musik an der Straßenecke ◎

◎ Flöten

Didgeridoo ◎

Saz

Jugendorchester in Venezuela

Samba

Zwölferglocke ◎

Gruppe 3
Zwölferglocken

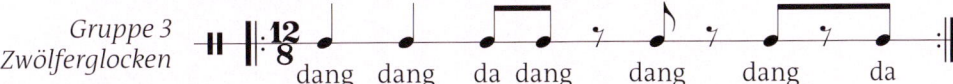

dang   dang   da dang   dang   dang   da

Flöten aus aller Welt

Flöten überall

1 Jede Kultur auf der Welt hat ihre eigene Musik und ihre eigenen Instrumente. Schaut euch diese Flöten aus aller Welt an. Benennt Ähnlichkeiten und Unterschiede in Form und Material.

Quena aus Chile

Chinesische Flöte

Tin Whistle aus Irland

Panflöte aus Rumänien

Bansuri aus Indien

Querflöte aus Nepal

Blockflöten haben ein Mundstück, das den Luftstrom über eine Kante (Labium) leitet.

Bei **Kerbflöten** bläst der Spieler direkt auf die Kante, in eine Kerbe oben am Instrument.

Bei **Querflöten** bläst der Spieler über ein Blasloch. Er hält die Flöte im Gegensatz zu Block- und Kerbflöte quer.

2 Sortiert die Flöten nach der Art, wie sie angeblasen werden. Welche der sechs Flöten kann nicht den drei Kategorien zugeordnet werden?

3 Welches Tonbeispiel könnte zu welcher Flöte gehören? → CD V|17–22, → DVD

Folkmusik auf der Blockflöte

4 Kein Instrument nur für Kinder: In der Musik der Barockzeit und in der »Folk Music« aus England, Irland und Schottland spielt die Sopranblockflöte eine große Rolle. Begleitet das englische Volkslied »Portsmouth« mit Percussion, Stabspielen und Keyboard.

Carlos Nuñez, Celtic-Folk-Musiker aus Galizien

Portsmouth → CD V|23

traditionell
Satz: Burkhard Neuhäuser

① *Pauke*

② *Schellentrommel mit Hand*

③ *Rahmentrommel mit Schlägel*

Ⓐ *Stabspiele und Keyboard*

Ⓑ *Stabspiele und Keyboard*

Tipp: In Deutschland gibt es viele Museen mit Sammlungen von Musikinstrumenten. Informiert euch, wo eines in eurer Nähe ist und organisiert einen Besuch.

Ablauf:

1. Vorschlag			3	3	
		2	2	2	2
+	1	1	1	1	1	1

2. Vorschlag	A	B	A	B	A	B

Töne 2

179

Schwarze Erde – Musik aus Anatolien

Ein melancholisches Lied von Asik Veysel

1 Tragt in eurer Klasse zusammen, was ihr über Musik aus der Türkei wisst. Welche Stile, welche Musiker kennt ihr?

2 Die **Saz (Bağlama)** ist ein türkisches Saiteninstrument. Habt ihr die Möglichkeit, eine Bağlama mit in den Unterricht zu bringen? Wie viele Saiten hat sie, wie wird sie gespielt?

3 ASIK VEYSEL (1894–1973) war ein berühmter Sänger, Dichter und Bağlama-Spieler aus Anatolien. Beschreibt die Stimmung seines Liedes »Schwarze Erde«. → CD V|24

Schwarze Erde

Text: Asik Veysel
Übersetzung: Dursun Atigan

So viele hab ich als Freunde umarmt,
Mein treuer Schatz schwarze Erde.
Umherziehend vergebens, bin ich abgespannt,
Mein treuer Schatz schwarze Erde.
So vielen Schönen bin ich verbunden,
Hab weder Treue noch Vorteil gefunden,
Doch jeden Wunsch von der Erde bekommen,
Mein treuer Schatz schwarze Erde.
Sie gab das Schaf, das Lamm und die Milch,
Sie gab die Speise, Brot und Fleisch,
Ohne sie zu hacken, gab sie spärlich,
Mein treuer Schatz schwarze Erde.
Seit Adam Nachkommen hatte,
Gab sie mir vielerlei Früchte,
führte mich Tag für Tag auf den Schultern,
Mein treuer Schatz schwarze Erde.
Ich riss ihren Bauch auf mit der Hacke,
Zerfleischte ihr Gesicht mit der Harke,
Trotz allem empfing sie mich mit einer Rose,
Mein treuer Schatz schwarze Erde.

Ungewöhnliche Töne von einem klassischen Pianisten

Wie schaffe ich es, dass ein Klavier wie eine Saz klingen kann? Diese Frage stellte sich der türkische Pianist FAZIL SAY (*1970), als er eine Bearbeitung des Liedes von ASIK VEYSEL schrieb. Er fasste für das Intro in den Flügel hinein und dämpfte die Saiten an bestimmten Stellen ab.

4 Vergleicht SAYS Klavier-Bearbeitung mit dem Original.
→ CD V|25

Black Earth

Musik: Fazil Say

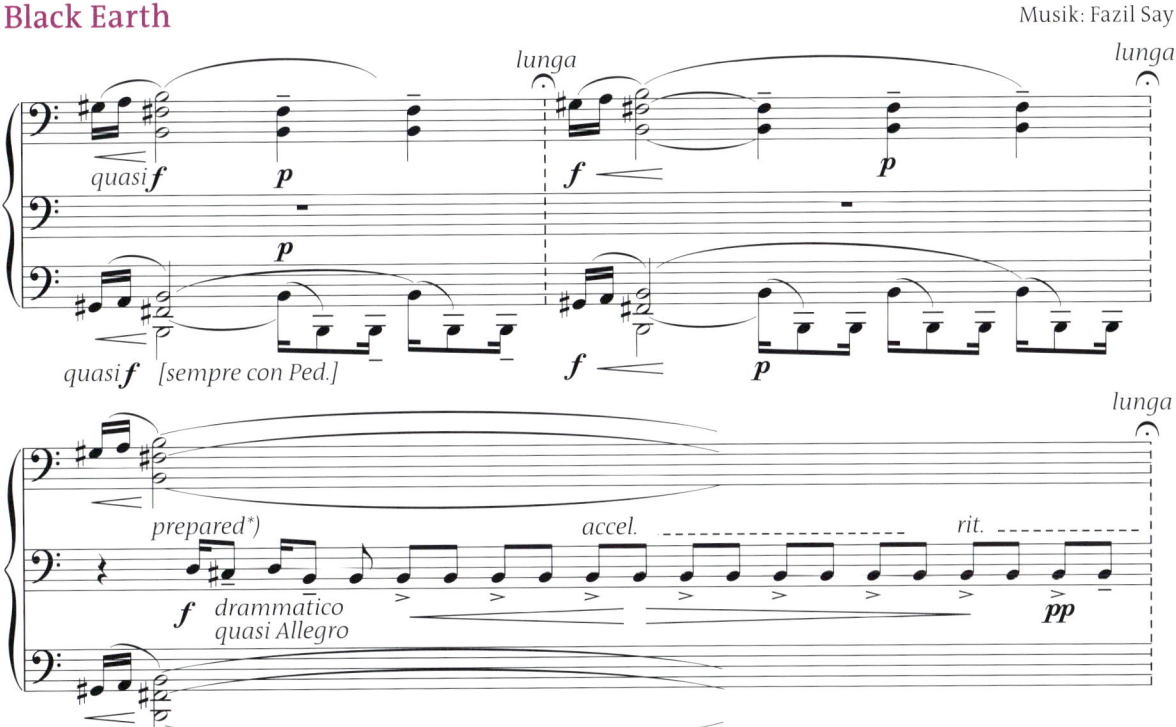

5 Habt ihr ein Klavier oder einen Flügel zur Verfügung? Experimentiert selbst mit abgedämpften und nicht abgedämpften Klaviersaiten.

Tipp: Mit Papier könnt ihr vorsichtig einige Saiten des Klaviers präparieren, andere hingegen freilassen. Wenn ihr jetzt etwas Bekanntes auf dem Klavier spielt, hört sich das überraschend an.

Crossover – Alles vom Balkan und noch mehr

Sandy Lopicic Orkestar

1 **Balkan Brass** oder **Gypsy Brass** heißt die energievolle Blasmusik, die in Serbien und Makedonien, aber auch in anderen Ländern der Balkan-Halbinsel verbreitet ist. Welche Instrumente könnt ihr auf dem Foto vom SANDY LOPICIC ORKESTAR erkennen?

2 Hört euch ein Stück der Gruppe an. Überlegt, wo und zu welchen Anlässen diese Musik erklingen könnte. → CD V|26

Last

Musik: Matthias Loibner

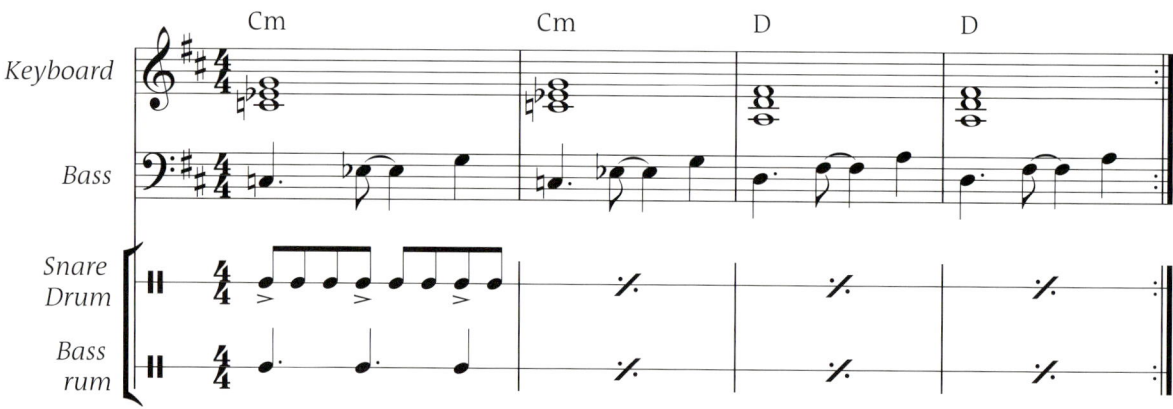

3 Spielt das Begleit-Pattern von »Last« zur Aufnahme oder zum Playback mit. → CD II|26–27
Wer möchte, kann mit drei oder mehr Tönen aus der rechts abgedruckten Skala eine Melodie erfinden.

Skala zum Improvisieren:

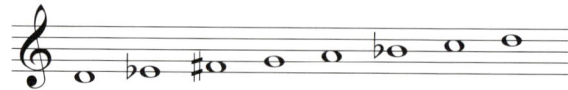

Tipps für einen Balkan-Tanz
mit orientalischen Elementen → DVD

Zur Einstimmung: Steht mit gesenktem Kopf
aus der Hocke wie die »Schlange aus dem Korb«
auf (1).

Teil A (8 Takte):
Verschränkt die Hände mit dem Handrücken
nach innen und haltet sie im Halbrund auf
Augenhöhe, dabei macht ihr Folgendes:

  re Bein 1 Schritt **vor**, gleichzeitig re Hüfte (2)
2 x rhythmisch herausschieben
  li Bein 1 Schritt **vor**, gleichzeitig li Hüfte
2 x rhythmisch herausschieben
  Wiederholung vor **rechts**
  Wiederholung vor **links**
  re Bein 1 Schritt **rück**, gleichzeitig re Hüfte (3)
2 x rhythmisch herausschieben
  li Bein 1 Schritt **rück**, gleichzeitig li Hüfte
2 x rhythmisch herausschieben
  Wiederholung **rück re**chts
  Wiederholung **rück li**nks
1 x laut in die Hände klatschen und sofort:

Teil B (8 Takte) :
Stützt euch in die Hüfte und haltet dabei den
Kopf hoch. Arme in die Hüfte stützen,
  1 x re um euch selbst in 4 Schritten drehen,
  1x li um euch selbst in 4 Schritten drehen,
  1 x re um euch selbst in 8 Schritten ,
  (also doppeltes Tempo!) drehen,
  1 x li um euch selbst in 8 Schritten drehen.
1 x laut die Hände klatschen!

Form des Tanzes: A – B – A – B – eigenes Solo (4)
oder alle Tänzer im Kreis nach links bzw. rechts
laufen – A – B

Brasilien – Call & Response

Trommeln wie in Rio de Janeiro

Samba ist Kult im brasilianischen Karneval! In Rio de Janeiro gibt es das »Sambadromo« – eine Straße, die eigens für die jährliche Karnevals-Parade der besten Samba-Schulen gebaut worden ist. Eine Jury prämiert die schönsten Kostüme, die aufwändigsten Wagen und die besten Lieder.

Samba Call & Response

Musik:
Felix Janosa

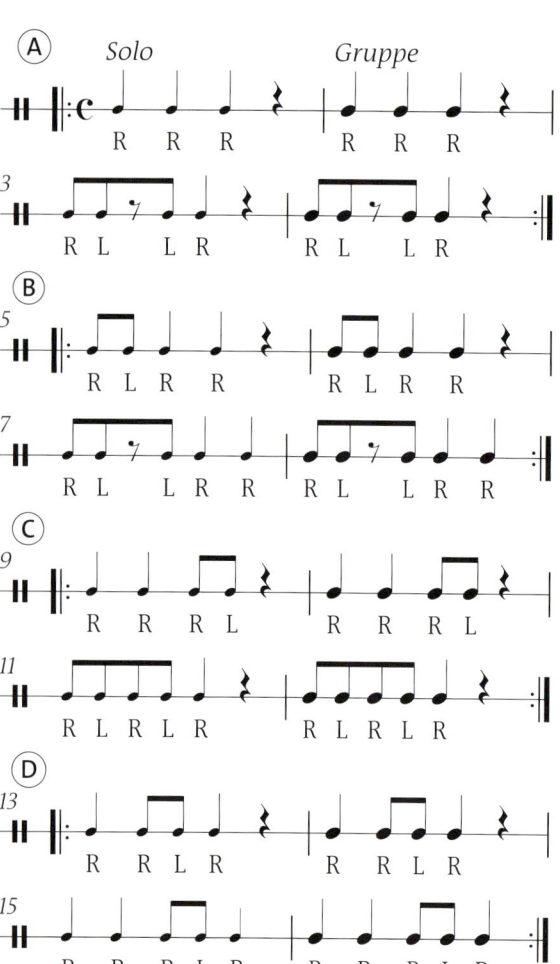

Der Vortrommler stellt die Frage, worauf die Samba-Gruppe antwortet.
Selbst wenn ihr keine brasilianischen Instrumente zur Verfügung habt, könnt ihr das Frage- und Antwortspiel des brasilianischen Straßen-Samba mit anderen Perkussions-Instrumenten durchführen. → CD V|28–29

Frage und Antwort

1 **Call & Response** (»Frage- und Antwort-Spiel«) funktioniert ganz ohne Playback: Einer von euch ist der Vortrommler – klatscht einfach seinen Rhythmus nach!

2 Nun könnt ihr lernen, wie Profi-Drummer und Perkussionisten dieses Frage- und Antwortspiel auf ihrem Instrument spielen. Eine Vorübung ohne Instrument: Setzt euch hin und schlagt mit rechts oder links auf eure Oberschenkel. Eine einfache Regel: Die **rechte Hand (R)** schlägt immer auf die vollen Taktzeiten **eins** und, **zwei** und, **drei** und, **vier** und.
Die **linke Hand (L)** schlägt immer auf die »und«-Zeiten: eins **+**, zwei **+**, drei **+**, vier **+**:

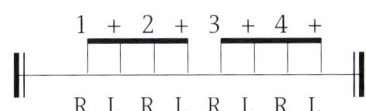

3 Werdet zur Samba-Gruppe! Nehmt Trommelstöcke für Snare Drums, Toms, Repiniques, Tamburims oder Surdos (→ S. 78–79). Congas und Djemben werden dagegen mit der Handfläche gespielt, Bongos nur mit den Fingerspitzen. Platziert euch im Halbkreis um euren Lehrer oder Vortrommler.
Nach dem Frage- und Antwortspiel spielen alle den Grund-Groove mit durchgehenden Achteln und Samba-Betonung! Eine Trillerpfeife gibt das Signal.
Nachdem ihr eine Zeitlang den gemeinsamen Groove gespielt habt, kann ein anderer Vortrommler sein und erneut mit dem Call & Response beginnen.

Djembe

Bongos

Snare Drum

4 Spannend wird es, wenn der Vortrommler spontan neue Rhythmen erfindet, die von der Gruppe beantwortet werden. Dieses Spiel könnt ihr auch zu jedem beliebigen Musiktitel im 4/4-Rhythmus machen!

Venezuela – El Sistema

In der Musik liegt die Hoffnung

»Für die Kinder, mit denen wir arbeiten, stellt die Musik fast den einzigen Weg zu einem menschenwürdigen Dasein dar. Armut – das heißt: Einsamkeit, Traurigkeit, Anonymität. Orchester – das heißt: Freude, Motivation, Teamgeist, Streben nach Erfolg.«

José Antonio Abreu
Wikipedia-Artikel vom 19. 2. 2011

Der Komponist und Politiker JOSÉ ANTONIO ABREU (*1939) begann vor 35 Jahren, die von Kriminalität und Armut bedrohten Kinder seiner Heimatstadt Caracas (Hauptstadt von Venezuela) durch Musikunterricht in einem besonderen Programm (»El Sistema«) zu fördern – den Nachmittag verbringen die Schüler in Musikschulen mit kostenlosem Instrumentalunterricht und Orchesterproben. Der Erfolg seiner Idee führte zu einem Musik-Boom im Land: Mittlerweile gibt es nicht mehr zwei, sondern 30 (!) Profi-Orchester, aber auch 125 Jugendorchester und 57 Kinder-Orchester. 250 000 Menschen spielen in Venezuela ein Instrument!

1 Lest das Zitat und die Informationen zum »Sistema« von JOSÉ ANTONIO ABREU. Worin sieht er den Sinn der musikalischen Arbeit mit Kindern und Jugendlichen?

2 Wäre ein solches System von kostenloser musikalischer Förderung auch in Deutschland wünschenswert? Würdet ihr mitmachen wollen? Diskutiert und begründet eure Meinung.

Sinfónica de la Juventud Venezoelana

Die Nacht der Mayas

Der junge GUSTAVO DUDAMEL (*1981) lernte im »Sistema« von Venezuela Geige spielen. Schnell wurde sein Talent zum Dirigieren entdeckt. Heute gilt er als einer der besten Dirigenten der Welt und kann mit dem Jugendorchester von Venezuela Menschen in aller Welt begeistern.

GUSTAVO DUDAMEL entdeckte bei der Suche nach aufregenden Orchesterstücken die Kompositionen von SILVESTRE REVUELTAS (1899–1940), einem mexikanischen Geiger, Dirigenten und Komponisten. Im Orchesterstück »La Noche de las Mayas« (»Die Nacht der Mayas«) wird die alte indianische Kultur von Mexiko wieder herauf beschworen.

La Noche de las Mayas
Silvestre Revueltas

Mit anderen Percussion-Instrumenten (Congas, Toms, Snare-Drum) könnt ihr eigene rhythmische Akzente setzen.

3 Eine Besonderheit in der Orchestermusik: REVUELTAS ließ einigen Musikern Freiraum zum Improvisieren. Hört euch den Ausschnitt an. Um welche Instrumente könnte es sich handeln? → CD V|30

4 Spielt mit eigenen Instrumenten zu diesem Ausschnitt aus »Die Nacht der Mayas« mit. Achtung: Nach etwa einer Minute erhöht sich das Tempo! → CD V|30

Johannesburg – Sophiatown

Jazz zum Tanzen

1 »Yaze Yangela« stammt von den ELITE SWINGSTERS, einer der bekanntesten Jazzbands Südafrikas. Begleitet das Stück mit Percussion-Instrumenten oder **Vocal Percussion**. → CD V|31, MB

Yaze Yangela

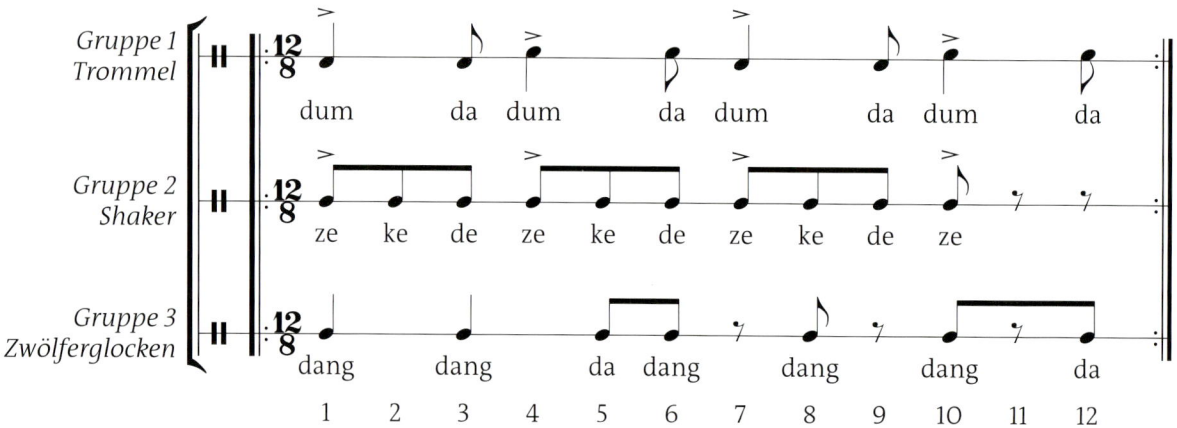

2 Mit Stabspielen oder Melodie-Instrumenten könnt ihr auch zu einem Playback von »Yaze Yangela« improvisieren. Schaut euch zum Thema »Improvisieren« noch einmal das Kapitel über die Blues-Skala (→ S. 156–157) an. → CD V|32

C-Dur-Pentatonik:

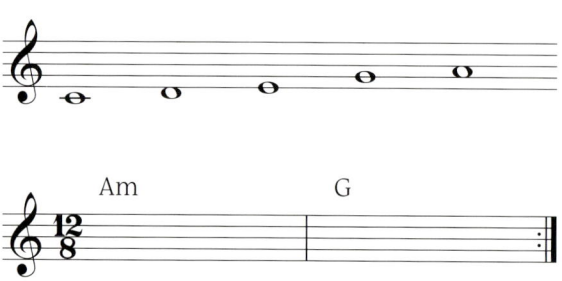

Eine Kultur wird vertrieben

Musik an jeder Straßenecke: In den 50er-Jahren konnte man im Stadtteil Sophiatown in Johannesburg (Südafrika) überall Musik hören. Besonders beliebt bei schwarzen Jugendlichen waren die **Penny Whistles** (»Pfennig-Pfeifen«) aus Metall, die man schon für wenige Cent kaufen konnte. Diese einfachen Flöten werden mit den Mittelfingern beider Hände gespielt.

Die Heimat des südafrikanischen Jazz, das multikulturelle »Harlem von Johannesburg«, wurde ab 1955 von der Apartheid-Regierung abgerissen, seine Bewohner nach Soweto vertrieben. *»Eines von vielen Verbrechen damals, und noch immer ist es nicht viel besser mit Häusern für die Armen.«*

Simphiwe Dana, südafrikanische Sängerin

3 Was wisst ihr über die politische Situation in Südafrika vor dem Jahr 1990? Recherchiert z. B. auf Wikipedia die Begriffe »Apartheid«, »Townships« und »Nelson Mandela«.

4 Könnt ihr andere Beispiele nennen, wo die Kultur oder die Musik einer bestimmten Menschengruppe vertrieben oder verboten wurden?

Musik aus Australien

Ein Didgeridoo selbst bauen

Auf den australischen **Didgeridoos** könnt ihr zwar nur einen tiefen Grundton spielen, aber ihr könnt ihn ganz unterschiedlich klingen lassen! Um einen Ton zu erzeugen, müsst ihr die Lippen leicht aufeinanderpressen und dann hinein pusten. Die rhythmische und klangliche Vielfalt entsteht durch verschiedene Mundbewegungen, Atemtechnik und Stimmeffekte.
Ein echter Didgeridoo-Spieler beherrscht die **Zirkulationsatmung**, bei der man mit einer besonderen Atemtechnik einen ununterbrochenen Ton spielen kann. → DVD

1 Für die Herstellung eines eigenen Didgeridoos braucht ihr:
– ein PVC- Rohr von 110 cm Länge und 4 cm Durchmesser,
– eine Plastik-Gartenvase (30 cm Höhe),
– einen Holz-Gardinenring (4 cm Durchmesser außen, 2,5 cm innen),
– Säge, Klebstoff und Heißklebepistole. → DVD

A) Sägt das dicke Ende des PVC-Rohrs ab. Sägt danach den Boden der Gartenvase ab, so dass das Rohr nahtlos in die Öffnung der Vase passt.

B) Klebt die Vase an das Ende des Rohrs. Versiegelt die Nahtstellen mit der Klebepistole.
Klebt danach den Gardinenring als Mundstück auf das andere Ende des Rohrs und versiegelt auch hier die Nahtstellen mit der Klebepistole.

C) Verziert euer fertiges Didgeridoo nach Lust und Laune! Wenn ihr Lackfarbe zum Sprühen nehmt, vergesst den Atemschutz nicht.

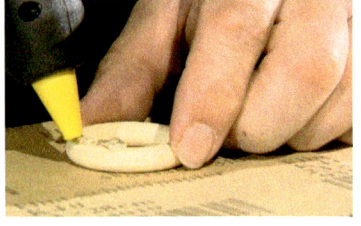

Mit einem traditionellen Instrument in die Moderne

Das Didgeridoo gehört zu den ältesten Musikinstrumenten überhaupt, auf 3 000 Jahre alten Felsmalereien ist das Instrument schon zu erkennen.

MARK ATKINS ist ein Virtuose auf dem Instrument – neben den traditionellen Blastechniken seiner Vorfahren hat er viele neue Sounds auf dem Didgeridoo entwickelt.

2 Hört euch »City Circle« von MARK ATKINS an. Er beschreibt in seinem Stück mit dem Didgeridoo die Geräusche der modernen Großstadt und des Großstadtverkehrs. Sammelt an der Tafel die Dinge, die ATKINS beschrieben haben könnte. → **CD V|33**

3 Schreibt einen Verlaufsplan dieser Didgeridoo-Improvisation. → **MB**
Tragt auf der Zeitleiste die besonderen Sounds und »Ereignisse« ein, die ihr an der Tafel gesammelt habt.

Umgang mit Musik

Musik hören früher und heute

Präsentation ◎

Nationalhymne ◎

Biopic

Musik im Internet

Downloading

Live-Musik

Musikgeschmack

Werbespot

Funktionen von Musik

Warum hören wir Musik?

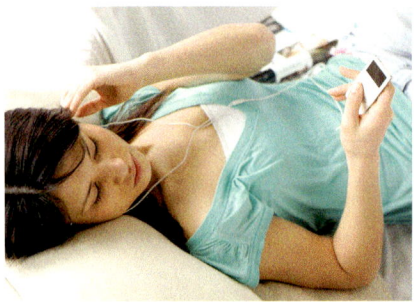

… ich mich dabei entspannen kann.

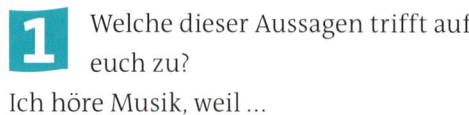

1 Welche dieser Aussagen trifft auf euch zu?
Ich höre Musik, weil …

… ich mich mit anderen darüber unterhalten kann.

… ich dann Arbeiten besser erledigen kann.

… Sport damit noch mehr Spaß macht.

… ich ein Instrument spiele.

2 Wie unterscheiden sich die Musiken, die ihr beim
a) Entspannen,
b) Erledigen der Hausarbeiten und
c) Tanzen hört?
Was für eine Funktion hat die Musik jeweils? Welche Arten
von Musik haben eurer Meinung nach keine Funktion?

… ich gerne tanze oder tobe.

Ein Musiktagebuch schreiben

3 Macht euch vor dem Schreiben eines Musiktagebuchs klar, dass ihr dauernd von Musik umgeben seid – auch da, wo ihr es selbst nicht bestimmt.
Schaut die Fotos an – welche Musik könnte zu hören sein?

4 Führt für einen oder mehrere Tage ein Musiktagebuch. → MB
Welche Musik habt ihr selbst »eingeschaltet«, welche Musik kam »von außen«? Vergleicht eure Ergebnisse.

Musiktagebuch für Montag, den 20xx

Wann?	Wo?	Wie?	Was?	Warum?
06.50–07.10	in der Küche	Radio – 1 Live	Popmusik	Wachwerden
10.00–10.20	in der Schule – Pause	mp3-Player	Coldplay	bin ein Fan
11.45–12.30	Musikstunde	Stereoanlage	Beethoven	Musikunterricht
14.00–13.30	?	?	?	?

Über Musikgeschmack lässt sich (nicht) streiten

Beschreiben oder bewerten?

1 Sicherlich unterhaltet ihr euch öfter darüber, welche Musik ihr gut findet. Dabei zeigt ihr euren Musikgeschmack und welches Outfit oder Auftreten euch persönlich besonders gefällt. Worauf kommt es euch dabei an? Sammelt Begründungen dafür. Unterscheidet dabei zwischen den Bereichen Musik, Outfit und dem privaten Auftreten der Stars.

Outfit ...
schrill, sexy, nicht normal, wild ...

Shakira

Musik ...
Tolle Grooves, klasse Sound, zum Tanzen, zum Träumen, super Bühnen- und Tanzshow ...

Lady Gaga

Gentleman

Privates ...
netter Typ, setzt sich für Kinder in aller Welt ein, hat die tollsten Freunde, feiert viele Partys ...

Typisch Junge? Typisch Mädchen? Wählt euren beliebtesten Star!

 2 Welcher Star gefällt den Mädchen in eurer Klasse besonders gut? Wer trifft den Geschmack der Jungen? Erstellt per geheimer »Briefwahl« zwei »Top-Five-Beliebtheits-Listen«.
Dafür könnt ihr folgenden »Wahlzettel« verwenden:
→ MB

Platz	Name	Begründung	Punkte
1			5
2			4
3			3
4			2
5			1

Ausgefüllt von: Junge ☐   Mädchen ☐ *(ankreuzen!)*

3 Tauscht euch zum Abschluss über die ausgewerteten Listen aus. Wo liegen die Unterschiede, wo gibt es Gemeinsamkeiten? Welche Rolle spielt die Musik, welche das Auftreten?

Wichtig: Achtet bei eurer Diskussion darauf, den unterschiedlichen Geschmack der anderen zu respektieren, indem ihr auf eine persönliche Bewertung der »anderen Stars« verzichtet.

Entdeckungsreise (1) – Musik in der Familie

Eine musikalische Zeitreise

Ich

Globalisierung

Castingbands

Meine Freunde   Internet

Grunge

1989 Mauerfall

Neue Deutsche Welle

Ältere
Geschwister

Friedensbewegung

Der erste PC

Meine Eltern   1978

Disko   Punk

Bekannte der Eltern

1969 Woodstock Festival

Tanten & Onkel   Erster Mensch auf dem Mond

Beat

1961 Bau der Berliner Mauer

Großeltern   ROCK 'N' ROLL

1956

»Wirtschaftswunder«

Ende des Zweiten Weltkriegs

1 Euer individueller Musikgeschmack wird von all dem geprägt, was gerade angesagt ist. Aber auch in der Musik der vergangenen Jahrzehnte gibt es vieles, was euren Musikgeschmack beeinflusst. Was hören die Menschen in eurem Familien- und Bekanntenkreis? Befragt sie nach ihrer Lieblingsmusik. Welche Konzerte haben sie besucht?

Musik hören früher und heute

2 Stöbert gemeinsam mit euren Familienangehörigen in den Schränken. Welche Art von Tonträgern könnt ihr dort noch finden? Bringt Beispiele mit in die Schule und stellt sie euren Mitschülern vor.

Tragbarer Plattenspieler für Singles, 1960er-Jahre

Tonbandgerät, 1950er-Jahre

Audio-CDs, 1980er-Jahre

Schallplattenspieler mit Langspielplatte (LP), 1970er-Jahre

Musik-Kassetten, 1970er-Jahre

3 Besprecht gemeinsam: Wie werden die unterschiedlichen Tonträger abgespielt? Wie viele Minuten Musik konnte oder kann man mit ihnen abspielen? Vergleicht mit euren eigenen Abspielgeräten.

4 Sucht aus Zeitschriften und im Internet geeignete Abbildungen und erstellt eine eigene »Zeitreise durch die Popmusik« als Collage.

Entdeckungsreise (2) – Live-Musik

Echte Musiker, echte Musik

1 Schaut euch die verschiedenen Plakate an: Welche Art von Konzert würdet ihr besuchen, was spricht euch an? Beschreibt die Art von Musik, die euch bei den Konzerten möglicherweise erwartet.

2 Wo kann man in eurer Umgebung Live-Musik erleben? Besorgt euch Programme von aktuellen Live-Veranstaltungen.

Planung eines Musikfestivals

3 Erarbeitet in Gruppen ein mehrtägiges Musikfestival für eure Region. Auf mehreren Bühnen und an unterschiedlichen Orten soll gleichzeitig eine musikalische Aktion stattfinden!

In einem **Planspiel** werden Situationen aus der Realität durchgespielt. Ihr könnt dabei vielschichtige Aufgaben oder Probleme simulieren und bereitet euch so auf künftige, ähnliche Aufgabenstellungen vor.

4 Stellt die Gruppenergebnisse zu einem Gesamtprogramm zusammen. Diese Checkliste kann euch bei der Überprüfung eures Programms helfen:

– Gibt es genügend musikalische Abwechslung im Programm?
– Gibt es bestimmte Themen, unter denen einzelne Veranstaltungstage stehen?
– Wurden zeitliche Dopplungen vermieden (z. B. parallele Kinderveranstaltungen an zwei Orten)?
– Ist das Programm an jedem Tag mit Steigerungen aufgebaut (z. B. vormittags Gruppen der näheren Umgebung, am Nachmittag bekanntere Gruppen, Top-Acts am Abend)?

Entdeckungsreise (3) – Musik im Internet

Musik im Netz, alles für umsonst?

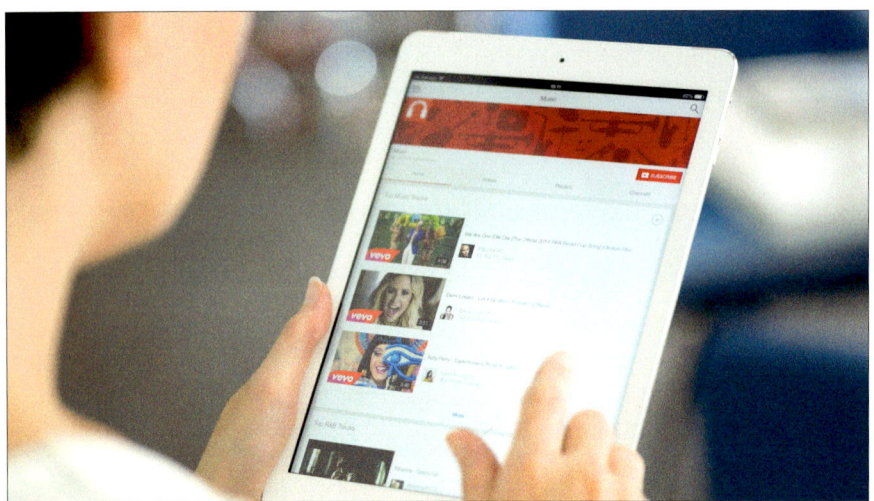

1 Viele von euch suchen am Computer oder mit internetfähigem Handy auf Videokanälen wie »YouTube« nach Musik. Hier scheint es alles zum kostenfreien Schauen und Hören zu geben, was an Musik existiert. Alles? Nein: Viele Schallplattenfirmen haben Videos und Musik ihrer Künstler schon gesperrt, ein Großteil des Materials ist von minderer Qualität und etliche Musikstücke sind gar nicht zu finden. Lösung: Fragt einfach andere, ob sie nicht Original-CDs oder Original-Videos in guter Qualität von den Künstlern besitzen. Wenn kein Geld mehr für Musik bezahlt wird, können ein Großteil der Musiker und Komponisten auch nicht mehr davon leben.

3 Vergleicht die Preise einer bestimmten CD eurer Wahl als »echte CD« und als Musik-Download. Wer findet das beste Schnäppchen?

2 Das kostenlose und meist **illegale Downloaden** von Musik in **Internet-Tauschbörsen** solltet ihr auf jeden Fall vermeiden – juristische Verfolgung und hohe Geldstrafen können die Folge sein. Das **legale Downloaden** von Musikstücken bei Anbietern wie iTunes oder musicload.de ist in vielen Fällen preiswerter als der Kauf einer CD im Laden – ein Preisvergleich lohnt sich in jedem Fall!

Informationen über Musik aus dem Internet

Von welcher Gruppe ist noch mal der Song »Irgendwas bleibt«? Kann ich davon den Text haben? Aus welchem Jahr ist das Lied? Wie heißt die Sängerin und woher kommt die Band? Gibt es davon irgendwo Noten?

4 Gebt den Suchbegriff (z. B. »Irgendwas bleibt«) in eine **Suchmaschine** wie »Google« ein – ihr werdet wahrscheinlich Hunderte von Ergebnissen bekommen. Manche davon sind vielleicht gut, andere weniger oder sogar fehlerhaft.

5 Viel zielgenauer ist eure Suche, wenn ihr ein anerkanntes **Internet-Lexikon** wie www.wikipedia.de anwählt. Die Informationen auf solchen Websites werden ständig geprüft und aktualisiert.

6 Startet – wenn möglich – eine Recherche in verschiedenen Gruppen auf mehreren Computern zu dem Song »Irgendwas bleibt« und den Fragen oben auf der Seite. Wie seid ihr zu euren Ergebnissen gekommen? Stimmen die Ergebnisse überein?

7 Auch **Rezensionen** von Kunden in bekannten **Internet-Kaufhäusern** sind manchmal nützlich.
Im Gegensatz zu den Lexika muss man jedoch viele der subjektiven Kommentare lesen, um zu einer eigenen Meinung zu kommen.

Entdeckungsreise (4) – Musik auf DVD

Überall ist Musik drin!

In **Konzertvideos** könnt ihr die Musiker live spielen sehen.

In **Musicalfilmen** wie »High School Musical« oder »Glee« spielen Musik und Tanz die wichtigste Rolle.

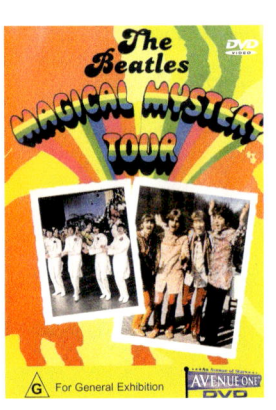

In **Musikfilmen** wie »Jailhouse Rock« (ELVIS PRESLEY) oder »Magical Mystery Tour« (THE BEATLES) spielen Musiker selbst die Hauptrollen und singen natürlich zwischendurch.

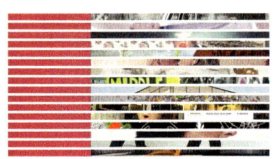

Zur Rettung der Popkultur
Experimentelle deutsche Musikvideos 2003-2007

In **Videoclip-Sammlungen** könnt ihr die größten Hits eines Interpreten oder andere Clip-Zusammenstellungen anschauen.

In **Dokumentationen** wird ein bestimmter Musikstil oder die Musik eines bestimmten Musikers oder Komponisten dargestellt.

In **Biopics** wie »Walk the Line« (Johnny Cash) oder »Ray« (Ray Charles) wird das Leben eines Musikers als Spielfilm mit viel Musik erzählt.

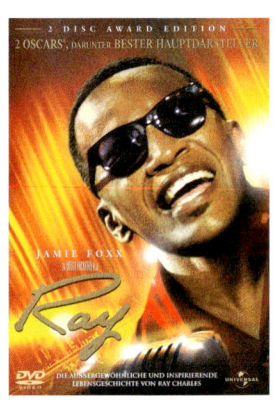

1 Fragt eure Eltern, Verwandte oder Freunde vor der Unterrichtsstunde nach solchen **DVDs**. Zu welcher Art von Musik-DVDs gehören sie?

Präsentation eines Musikfilms

METHODE

2 Vielleicht habt ihr eine Musik-DVD gefunden, die ihr toll findet und den anderen in der Musikstunde vorstellen möchtet? Wenn ihr euch gemeinsam mit anderen Schülern auf eine DVD einigt, könnt ihr eine **Gruppenpräsentation** vorbereiten.

In einer **Gruppenpräsentation** (Gruppenreferat) verteilt ihr die Aufgaben und die Präsentation eines Themas auf mehrere Personen. Gerade bei multimedialen Präsentationen (Vortrag, Beamer, OHP, Whiteboard) bietet sich diese Methode an.

Vorbereitung der Präsentation:
– Seht euch gemeinsam den Film außerhalb der Schule an.
– Notiert gute Szenen sofort und schreibt die entsprechenden Zeiten auf.
– Schreibt ein Konzept für die Präsentation auf Stichwortkarten.
– Verteilt Aufgaben während der Präsentation.

Einleitung der Präsentation:
– Titel des Films, Beteiligte: Künstler, Regisseur
– Entstehungsort, Entstehungszeit
– Kurz: Warum hat uns dieser Film gefallen?

Hauptteil der Präsentation:
– Zeigen von ausgewählten Filmausschnitten mit Erläuterung (Handlung des Films oder Einzelheiten zur Musik)

Ende der Präsentation:
– Zusammenfassung, die Zuhörer zu Fragen ermuntern, abschließende Diskussion
– eventuell: vorbereitete Fragen über das Referat an die Gruppe richten.

Technische Vorrausetzungen erfüllt?
– DVD-Player mit Bildschirm
– Computer mit DVD-Abspielmöglichkeit und Beamer zum Projizieren

Alles Material für die Präsentation dabei?
– Stichwortkarten für den Vortrag
– auf allen Geräten abspielbare DVD (selbst gebrannte DVDs funktionieren z. B. auf DVD-Playern manchmal nicht)
– zusätzliches Material für die Zuhörer wie ausgedruckte Screenshots, Folie für OH-Projektor usw.
– schriftliche Zusammenfassung zum anschließenden Verteilen an die Zuhörer

Entdeckungsreise (5) – Musik in der Werbung

Die passende Musik für jedes Produkt

1 In fast jedem TV- oder Radio-Werbespot wird Musik benutzt. Wie müsste sich Werbemusik für die hier abgebildeten Produkte anhören? Ihr könnt die Begriffe rechts unten zur Beschreibung benutzen.
Welche Zielgruppe soll angesprochen werden?

hektisch sanft kräftig
einschmeichelnd flott
munter romantisch
mit Streichinstrumenten
spannend mit Schlagzeug
ruhig rockig

2 Hört euch verschiedene instrumentale Musiken aus einem professionellen Werbestudio an – welche Musik könnte zu welchem Produkt passen? → CD V|34–42, → MB

Werbespots im Radio

3 Nehmt einen Werbespot aus dem Radio auf – Werbespots kommen meist kurz vor den Nachrichten.
Welche der hier aufgezählten Elemente tauchen in eurem Spot auf? Wie ist der Werbespot aufgebaut? Wie endet er?

Ein Gespräch/eine Handlung

Instrumentale Musik

Ein Popsong

4 Teilt eure Klasse in Gruppen und wählt in jeder Gruppe eines der links abgebildeten Produkte aus. Denkt euch einen einprägsamen Werbetext aus und überlegt, wie ihr ihn auf mehrere Sprecher verteilen könnt. → MB

Eine einschmeichelnde Frauenstimme

Die Werbebotschaft am Schluss, meist von einer Männerstimme gesprochen

5 Führt den Mitschülern euren Werbespot mit der Musik, die ihr ausgewählt habt, vor. Habt Mut und versucht, beim Vortrag ernst zu bleiben, dann wirkt es.
Solltet ihr beim ersten Mal zu leise sprechen oder zuviel lachen, macht es einfach noch einmal, dann seid ihr mit der »Performance« eures Werbespots zufriedener.

Entdeckungsreise (6) – Hymnen im Sport

Die Deutschlandhymne heute

Wie und von wem die Nationalhymne bei einer Sportveranstaltung vorgetragen wird, bleibt dem Veranstalter überlassen: Bei einem Boxkampf des deutschen Boxers ARTHUR ABRAHAM spielte RUDOLF SCHENKER von den SCORPIONS die Hymne auf der E-Gitarre. Und SARAH

CONNOR blamierte sich, als sie bei der feierlichen Eröffnung der Allianz-Arena in München 2005 den richtigen Text der Hymne vergaß. Das »Lied der Deutschen« kam sogar in die Pop-Charts, als die Rockgruppe BONFIRE zur Fußball-WM 2010 eine eigene Rockversion aufnahm.

1 Welche anderen Sportveranstaltungen kennt ihr, bei denen vor dem Beginn Nationalhymnen gespielt werden? Kennt ihr andere Künstler oder Bands, die die deutsche Nationalhymne gesungen haben?

2 Singt das »Lied der Deutschen« zur Klavierbegleitung und hört euch dann die Fassung der Gruppe BONFIRE an. Was fällt euch auf? → CD V|43–44

Einigkeit und Recht und Freiheit

Musik: Joseph Haydn (1732–1809)
Text: Heinrich Hoffmann von Fallersleben (1798–1874)

3. Ei - nig - keit und Recht und Frei - heit für das deut - sche Va - ter - land!
Da - nach lasst uns al - le stre - ben brü - der - lich mit Herz und Hand!

Ei - nig - keit_ und Recht und Frei - heit sind des Glü - ckes Un - ter - pfand.

Blüh' im Glan - ze die - ses Glü - ckes, blü - he_ deut - sches Va - ter - land!

Geschichte der deutschen Nationalhymne

3 Joseph Haydn (1732–1809) komponierte 1797 die Melodie des heutigen »Deutschlandlieds« für den österreichischen Kaiser Franz. Es hatte damals aber folgenden Text:

Gott erhalte Franz, den Kaiser,
Unsern guten Kaiser Franz!
Lange lebe Franz, der Kaiser,
In des Glückes hellstem Glanz!
Ihm erblühen Lorbeerreiser,
Wo er geht, zum Ehrenkranz!
Gott erhalte Franz, den Kaiser!
Unsern guten Kaiser Franz!

Singt die Nationalhymne mit diesem Text. Welche Unterschiede und Gemeinsamkeiten gibt es zum Text des »Deutschlandliedes«?
→ CD V|43

Basketball-Nationalspieler Dirk Nowitzki

4 Joseph Haydn benutzte die Melodie auch in seinem »Kaiserquartett«. Mit Quartett ist ein Streichquartett gemeint – eine Besetzung aus zwei Violinen, einer Bratsche und einem Cello. → MB
Diese zarte Musik ist nicht für den großen Konzertsaal geeignet, sondern wird meist privat oder in kleineren Sälen aufgeführt – deswegen der Name Kammermusik.
Hört euch Haydns Melodie in drei Besetzungen an: a) für Blasorchester b) als Streichquartett c) als Schlagerproduktion. → CD V|45–47
Wie wirken die unterschiedlichen Fassungen auf euch? Überlegt, zu welchen Anlässen sie passen würden.

Ab 1922 wurde die Melodie mit dem neuen Text von Hoffmann von Fallersleben (1798–1874) zur Nationalhymne:
Deutschland, Deutschland über alles,
über alles in der Welt.

Auch das nationalsozialistische Regime unter Adolf Hitler (1933–1945) übernahm das Deutschlandlied als Nationalhymne. Mit den Texten der ersten beiden Strophen wurden Schlachten eingeleitet oder am Ende als erfolgreich bejubelt. Aus diesem Grunde werden diese – inzwischen unpassenden – Strophen heute nicht mehr gesungen. Nationalhymne ist nur die dritte Strophe »Einigkeit und Recht und Freiheit«.

Notenwerte und Pausen

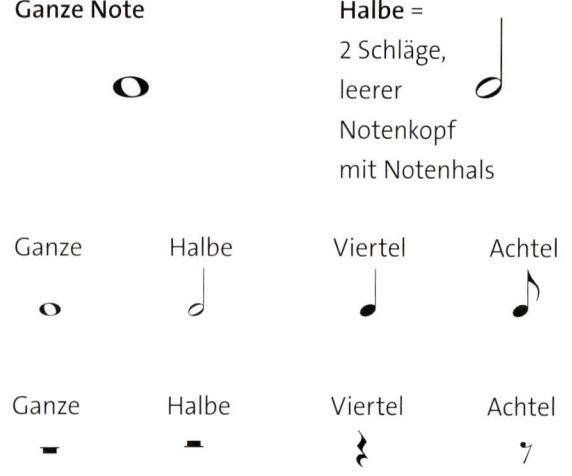

Ganze Note

Halbe =
2 Schläge,
leerer
Notenkopf
mit Notenhals

Viertel =
1 Schlag,
gefüllter
Notenkopf
mit Notenhals

Achtel =
½ Schlag,
gefüllter
Notenkopf mit Noten-
hals und Fähnchen

Ganze   Halbe   Viertel   Achtel

Ganze   Halbe   Viertel   Achtel

Punktierte Noten
Ein Punkt hinter
einer Note
verlängert
ihre Dauer um die
Hälfte ihres Wertes.

**zwei oder
mehrere Achtel =**

Achtel mit Fähnchen
und mit Balken

Taktarten

Zu Beginn eines Musikstückes stehen zwei Ziffern (Taktangabe). Die obere Zahl gibt die Anzahl der Schläge an: $\frac{2}{4}$
Die untere Ziffer gibt die Länge des Grundschlags an, hier (wie meistens) die Viertelnote. Der Takt wird mit einem Taktstrich beendet.

Die gebräuchlichsten Taktarten sind 2/4-, 3/4- und 4/4-Takt.
»Ungerade Taktarten« wie den 5/4-Takt kann man aus Kombination dieser gebräuchlichen Taktarten gewinnen (2/4 + 3/4 = 5/4-Takt).

$\frac{2}{4}$ • • | • • | • • | • • |

Tempo

Das **Tempo** eines Musikstückes wurde früher mit ital. Bezeichnungen vorgegeben, z. B.

Adagio	=	bequem, gemütlich (ruhig)
Andante	=	gehend
Moderato	=	mittelschnell
Allegro	=	heiter, lustig (schnell)
Presto	=	sehr schnell

Heute wird meist die exakte **Metronomzahl** des Stückes angegeben. Das Metronom gibt die Anzahl der Schläge pro Minute wieder, z. B. 120. Klassische Schreibweise:

MM (Mälzels Metronom) ♩ = 120
Schreibweise in Rock und Pop:
bpm (beats per minute) = 120

Violinschlüssel und Notensystem

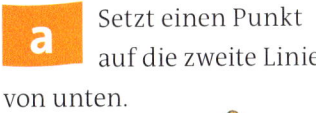 **a** Setzt einen Punkt auf die zweite Linie von unten.

b Zieht den »Bauch« des Violinschlüssels um den Punkt herum nach oben.

 **c** Die letzte Schleife wieder nach unten macht den Violinschlüssel komplett!

Bevor ihr Noten in das System schreibt, müsst ihr noch die **Taktart** und **Taktstriche** ergänzen: Dieses Notensystem hat den 4/4-Takt vorgezeichnet. Die Taktstriche zeigen an, wann ein Takt zu Ende ist. Am Ende des Stückes steht ein **Schlussstrich**. Lasst zwischen den Taktstrichen viel Platz für eure Noten, die ihr später eintragt!

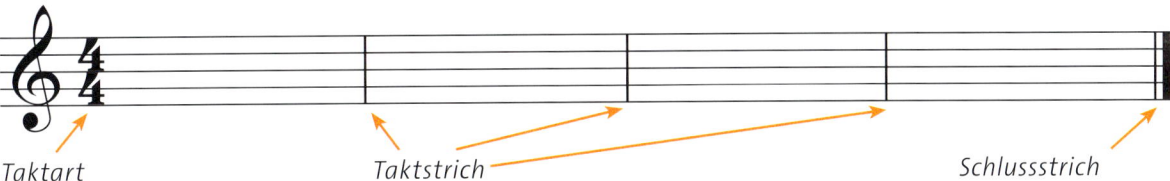

Taktart   *Taktstrich*   *Schlussstrich*

Das Notensystem gibt die **Tonhöhe** von Noten an: Noten, die weiter oben stehen, klingen höher als Noten weiter unten. Der Notenkopf liegt entweder **im Zwischenraum** zwischen zwei Linien oder **auf der Linie.**

Bei **Notenköpfen** im unteren Bereich des Notensystems (Töne a, g, f, e, d, c und tiefer) wird der **Notenhals** rechts an den Notenkopf gesetzt und zeigt nach oben.
Bei Noten im oberen Bereich (b, h) ist es umgekehrt.

Die Stammtöne

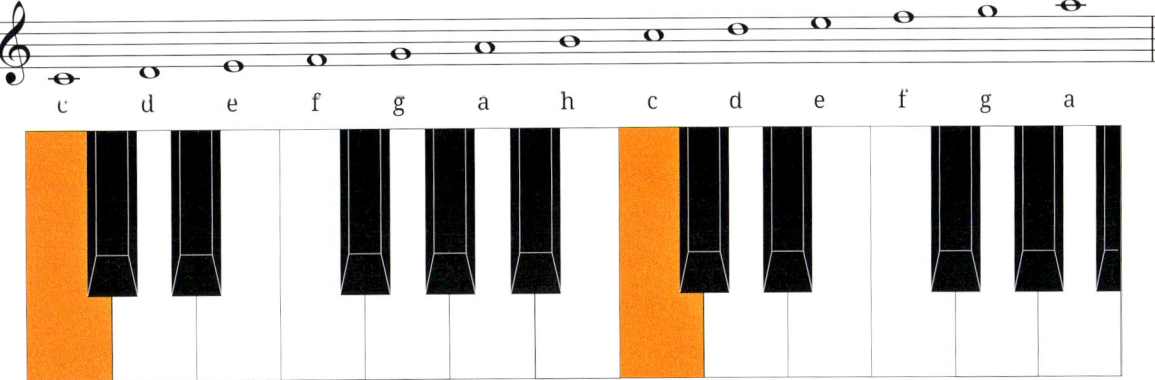

Der Bass-Schlüssel

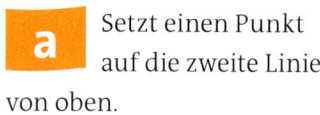 **a** Setzt einen Punkt auf die zweite Linie von oben.

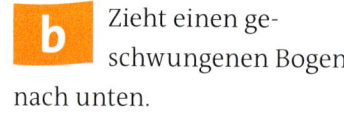 **b** Zieht einen geschwungenen Bogen nach unten.

c Ergänzt zwei Punkte im zweiten und dritten Zwischenraum von oben.

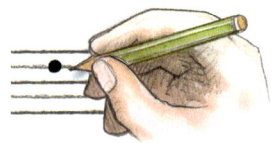

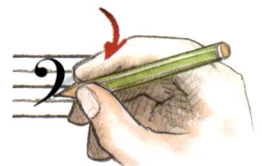

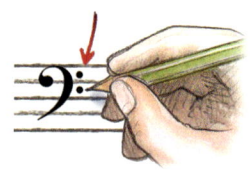

Stammtöne in Bass- und Violinschlüssel

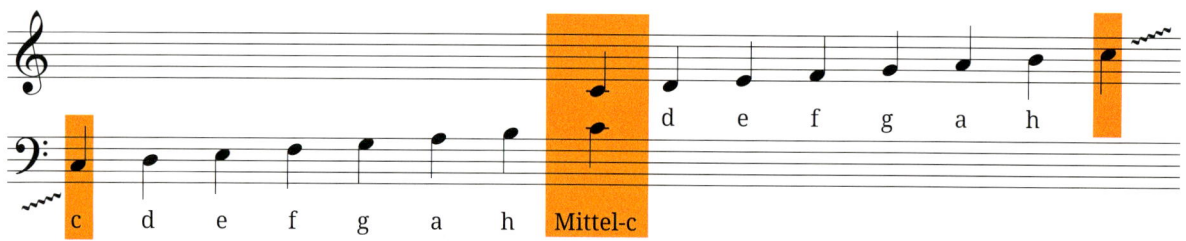

c d e f g a h Mittel-c d e f g a h

in der Mitte des Klaviers oder Keyboards

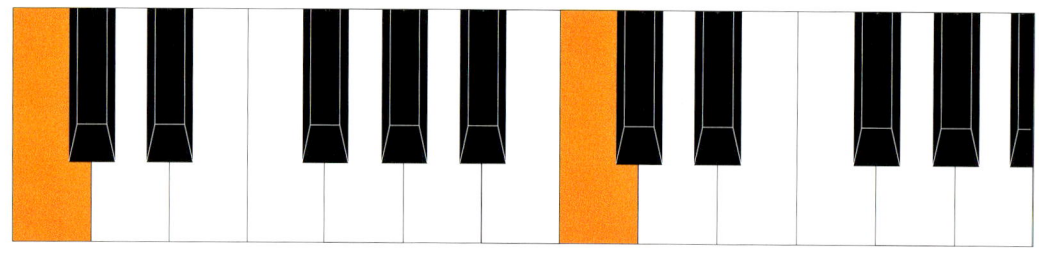

Erhöhen und Erniedrigen

Im Notenbild werden
– die »is«-Töne (Erhöhung) mit einem Kreuz dargestellt,
– die »es«-Töne (Erniedrigung) mit einem b.

Vorzeichen ♯

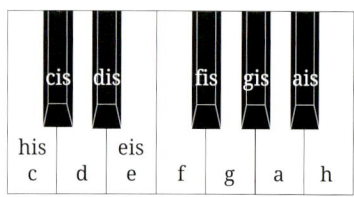

cis dis fis gis ais

his eis

c d e f g a h

Vorzeichen ♭

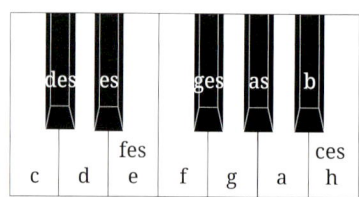

des es ges as b

fes ces

c d e f g a h

Grund-Intervalle

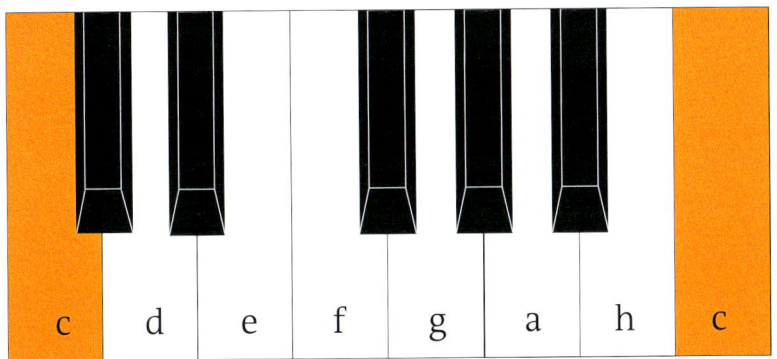

vom 1. zum 2. Ton = **Sekunde**

vom 1. zum 3. Ton = **Terz**

vom 1. zum 4. Ton = **Quarte**

vom 1. zum 5. Ton = **Quinte**

vom 1. zum 6. Ton = **Sexte**

vom 1. zum 7. Ton = **Septime**

vom 1. zum 8. (1.) Ton = **Oktave**

Aufbau der Dur- und Moll-Tonleiter

C-Dur-Tonleiter

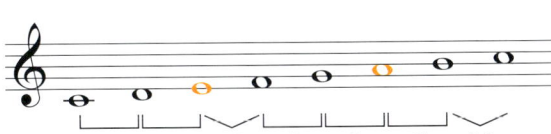

c-Moll-Tonleiter

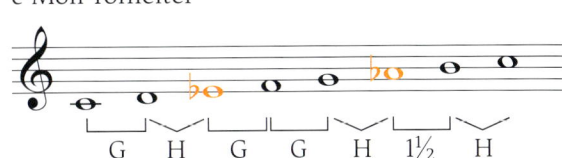

Grund-Dreiklänge

C-Dur	F-Dur	G-Dur
Tonika	Subdominante	Dominante
1. Stufe	4. Stufe	5. Stufe

Umkehrungen des C-Dur-Dreiklangs

Grundstellung	1. Umkehrung	2. Umkehrung
C liegt unten	C liegt oben	C liegt in der Mitte

Copyright-Verzeichnis

M = Musik
T = Text
dt. Text = deutscher Text
S = Satz

87 M: Bildungshaus Schulbuchverlage Westermann Schroedel Diesterweg Schöningh Winkers GmbH, Braunschweig

88 S: Bildungshaus Schulbuchverlage Westermann Schroedel Diesterweg Schöningh Winkers GmbH, Braunschweig

90 M: by Hug & Co. Musikverlage, Zürich

93 M: Bildungshaus Schulbuchverlage Westermann Schroedel Diesterweg Schöningh Winkers GmbH, Braunschweig

94 M: Sonaja Music Felix Janosa, Stolberg

97 M: Bildungshaus Schulbuchverlage Westermann Schroedel Diesterweg Schöningh Winkers GmbH, Braunschweig

100 M: Bildungshaus Schulbuchverlage Westermann Schroedel Diesterweg Schöningh Winkers GmbH, Braunschweig

125 M: Koussevittzky-Serge-and-Nathalia 1947 to Boosey & Hawkes, Bote & Bock Inc. for all countries

126 M: Universal Edition A. G., Wien

136 S: Universal Music Publishing GmbH, Berlin

139 S: Walt Disney Music/Wonderland Music Company Inc.
Musikverlag Intersong GmbH & Co. KG, Hamburg

154 f. Bearbeitung: Bildungshaus Schulbuchverlage Westermann Schroedel Diesterweg Schöningh Winkers GmbH, Braunschweig

156 f. M: Sonaja Music Felix Janosa, Stolberg.

158 M: Mayfair Music Corporation. EMI Music Publishing GmbH Germany, Hamburg

164 f. M + T: Northern Songs Ltd. Maclen Joint Ltd.
Sony/ATV Music Publishing Germany GmbH, Berlin

166 T: Rotten Music Ltd./Thousand Miles Long A Inc./Universal Music Publishing Ltd./Warner Chappell Music Ltd.
Neue Welt Musikverlag GmbH/Universal Music Publishing GmbH

170 f. T: Edition Hate Music der EMI Songs Musikverlag GmbH, Hamburg

175 T (im blauen Fond): Dieter Bohlen in Bild.de vom 18. April 2010

175 T (in gelbem Fond): rtl.de vom 19. August 2010

175 T (in rosa Fond): mehrzad-marashi-tv vom 18. August 2010

181 M: Schott Music GmbH & Co. KG, Mainz

182 M: Network Medien-Cooperative Verlag

184 M: Bildungshaus Schulbuchverlage Westermann Schroedel Diesterweg Schöningh Winkers GmbH, Braunschweig

Bildquellen-Verzeichnis

180.2; Richard Green 41.1; Robert Harding World Imagery 176.3, 190.1; S.I.N./David Corio 168.1; Simon Colmer and Abby Rex 47.6; Stacy Walsh Rosenstock 31.1; StecLupton 47.10; Stocksearch 202.2; Stuart Dee 149.2; studiomode 84.4, 206.1; TavlikosPhotoMotorSports 48.5; tbkmedia.de 121.2; TNT Magazine 103.3; Trigger Image 44.1; Trinity Mirrorpiix 167.1; Vince Clements 48.4; WILFLIFE GmbH 48.7; WoodyStock/D. Moebius 44.2; Zoonar GmbH 42.2. |AlexandraD-Fotografie, Rüsselsheim: 33.1. |All Star Photos, Duisburg: Scholl, Holger 60.2. |Amar Quartett, Zürich: Ettore Causa 52.2. |Apple PRfection, Haar: GarageBand 127.2.

|Berliner Festspiele, Berlin: © JazzFest Berlin / Plakatmotiv: Henning Wagenbreth 200.1. |BOOMTOWN Media GmbH & Co. KG, Berlin: 125.2. |Borowski, Andrea, Aachen: 9.2, 26.2, 26.3, 26.4, 26.5, 26.6, 26.7, 26.8, 26.9, 29.1, 29.2, 29.3, 29.4, 29.5, 29.6, 29.7, 29.8, 29.9, 32.2, 37.3, 37.4, 37.5, 37.6, 42.1, 42.3, 53.1, 53.2, 60.3, 60.4, 62.1, 65.1, 65.2, 66.1, 67.1, 67.2, 67.3, 68.1, 68.2, 68.3, 69.2, 80.5, 81.1, 83.1, 90.1, 92.2, 92.3, 96.1, 96.2, 101.2, 107.2, 128.4, 131.1, 131.2, 131.3, 131.4, 131.5, 131.6, 131.7, 131.8, 131.9, 134.2, 134.3, 134.5, 178.1, 178.2, 178.3, 178.4, 178.5, 178.6, 183.1, 183.2, 183.3, 183.4. |bpk-Bildagentur, Berlin: 123.1; (SBB) 98.1; Siegfried Lauterwasser 54.4. |Bridgeman Images, Berlin: American Museum, Bath, Avon, UK 159.1; Kunstsammlung Nordrhein-Westfalen, Düsseldorf/Alinari 130.2, Look and Learn 114.1; Pascal Victor/ArtComPress 124.1; State Russian Museum, St. Petersburg/RIA Novosti 128.2, 133.1. |Buddenbohm, Ralf, Minden: artwave.eu 138.3. |Bundesjugendorchester, Bonn: 43.2, 57.2, 58.1, 59.1, 59.2, 59.3; Adamik, Balthasar 43.1, 57.1. |Büttner, Martin, Dinslaken: 56.2, 57.3, 59.4.

|Caro Fotoagentur, Berlin: Kaiser 205.2. |ClearEyePhoto, New Castle: © David J Murray 74.1.

|Delta Sound Productions, Leutkirch: © 2008 End of Summer, Memmingen 200.2. |Deutsches Musikinformationszentrum/Deutscher Musikrat GmbH (MIZ), Bonn: Focke, Jannis 52.1. |Deutsches Zentrum für Luft- und Raumfahrt e.V. (DLR), Köln: 46.5.

|Eyferth, Konrad, Werder: 12.2, 12.3, 12.4, 12.5, 12.6, 12.7, 12.8, 12.9, 12.10, 21.4, 21.5, 21.6, 36.1, 38.1, 46.2, 69.1, 73.1, 80.2, 80.3, 81.2, 81.3, 82.1, 93.2, 94.1, 97.1, 98.2, 98.3, 98.4, 98.5, 100.1, 102.1, 111.1, 126.2, 130.4, 134.1, 212.1, 212.2, 212.3.

|Filz, Richard, Wr.Neustadt: Holoubek, Fritz 11.2. |Flury & Ruckenbrod GbR, Frankfurt/Main: 32.1. |FM Service, Wien: Nova Music Entertainment GmbH 201.1. |fotolia.com, New York: Alena Ozerova 83.3; Jan Schuler 51.1; Maridav 80.1; MUE 50.3; Paty Wingrove 45.5; silencefoto /SimoneVoigt 200.5; Sulamith 50.9; Valentin, Ellen 108.2. |Fromm, Simone, Perleberg: 176.4, 179.1.

|Gesellschaft der Musikfreunde in Wien, Wien: 82.2. |Getty Images, München: 2011 Harris, Jerod/ACMA2011 197.1; 2011 Hoensch, Frank 197.2; AFP/T. Coex 186.1; APF/Abbas Momani 9.1, 28.3; Ben Hider 30.2; China Photos 109.1, 122.1; Dave Hogan 173.3; FilmMagic/M. Piasecki 172.3; Hulton Archive/M. Putland 161.2; Jakubaszek 21.2; Michael Ochs Archives 27.1, 84.1; Miroslav Georgijevic 83.2; Premium Archive/J. Schadeberg 176.2, 189.2; Redferns/Gems 15.1; Robert Abbott Sengstacke 24.1; Schadeberg, Jurgen 189.1; WireImage/Greetsia Tent 52.4; WireImage/J. Squires 160.3. |Göttinger Tageblatt GmbH, Göt-

tingen: Hinzmann, Christina 190.2.

|imagetrust GmbH & Co. KG, Koblenz: Florian Sonntag / imagetrust 68.4. |initiative folk! e.V., Braunschweig: 200.6. |iStockphoto.com, Calgary: &#169 Viacheslav Khmelnytskyi / slava296 135.2; Anatolii Babii 202.1; fizia 48.11; lisegagne 83.4; nasenmann 80.4, 101.1; rilueda 135.3; Strba, Ivan 128.1, 135.4.

|Jacoby, Holger, Dortmund: www.holger-jacoby. de 209.3. |Jäger, Ulrike, Braunschweig: 167.2, 200.5. |Janosa, Felix, Stolberg: 47.1, 47.2, 54.2, 54.3, 107.3, 107.4, 107.5, 107.6; Janosa, Charlotte, Stolberg: 193.3, 207.6. |Junge Journalisten Rheinland-Pflaz e.V., Mainz: 151.2. |Kleiner, Christian, Mannheim: 140.1, 141.2, 142.4, 143.4.

|Klemm, Uwe, Jena: 118.3. |Krüger, Eva, Haan: 9.3, 10.3, 11.1, 23.1.

|Landeszentrale für politische Bildung Saarland, Saarbrücken-Dudweiler: Schneider, Mechthild 106.1.

|MAGIX Software GmbH, Luebbecke: 104.1. |Mediotics, Lemgo: Jan Pienak 190.3, 190.4. |Michel, Hans Jörg, Mannheim: 128.3, 144.1, 145.1, 145.2, 146.2, 147.1, 147.2. |Musikhaus Kirstein GmbH, Schongau: 32.3.

|Nationaltheater Mannheim, Mannheim: 140.2, 140.3. |Nero AG, Karlsruhe: 106.2, 107.1. |Network Medien GmbH, Frankfurt /M.: 182.1.

|Oberbeck, Reiner, Kraichtal/Karlsruhe: 200.3.

|Picture-Alliance GmbH, Frankfurt a.M.: 36.2,

37.1, 37.2; abaca/Gorassini Giancarlo 196.1; AFP 163.2; Berlin Picture Gate/PemÜ 184.2; CHROMORANGE / Raider Peter 8.1; dpa 133.3; dpa-Film Buena Vista 139.1; dpa-film/© GOOD BYE, LENIN!, 2003, © Warner Bros./X-Verleih 136.1; dpa-Zentralbild/Wolfgang Thieme 81.4, 105.1; dpa/A. Warmuth 181.1; dpa/Athenstädt, Martin 152.2, 171.1; dpa/B. Pedersen 196.3; dpa/B. Roessler 40.1; dpa/B. Thissen 209.2; dpa/Balazs Mohai 208.1; dpa/C. Charisius 199.5; dpa/Dan Porges 187.1; dpa/Gerecht 170.1; dpa/H. Franck 19.1; dpa/J. Carstensen 174.2; dpa/Peer Körner 158.1; dpa/R. Wittek 8.4, 20.1; dpa/U. Perrey) 153.2, 174.1; düa/M. Murat 203.1; Jazz Archiv/I. Schiffler 196.2; Jazzarchiv/I. Schiffler 175.2; Jazzarchiv/M. Reimers 21.3; Keystone/Sigi Tischler 177.2, 186.2; KPA 137.3; KPA/© GOOD BYE, LENIN!, 2003, © Warner Bros./X-Verleih 137.1; landov/J. Angellio 169.2; landov/Staab, J.R. 172.2; Mary Evans Picture Library 28.2; Mary Evans Picture Library) 129.3, 138.1; öandov/Rob Kim 153.4, 173.2; rtn/P. Becker 175.1; SCHROEWIG/J. Krauthoefer 112.2; Sodapix AG/Oetti Oliver 151.1; Süddeutsche Zeitung Photo/S. Rumpf 129.4, 150.1; The Advertising Archives 173.1, 173.4; Toppress Austria / Schöndorfer 138.2; ZB/Andreas Lander 10.1; ZB/B. Settnik 199.1; ZB/H. Schmidt 150.3; ZB/J. Kalaene 129.1, 150.4; ZB/J. Woitas 34.1; ZB/M. Hanschke 108.1; ZB/T. Schulze 21.1. |plainpicture, Hamburg: Maskot 102.2. |primanota GmbH, Korbach: 35.2.

|Reckziegel, Niels, Michelstadt: 10.2. |sagas GmbH, Konzepte . Produktionen, Stuttgart: 52.3.

|Schmidt, Nico, Berlin: 205.1. |Schwarzbach, Hartmut /argus, Hamburg: 45.1. |Shutterstock. com, New York: Alaettin Yildirim 180.1; Evok20 17.1; lalito 50.6; Photo Oz 193.1; Studio Light and

Shade 111.2; Zurek, Peter 111.3. |Shutterstock.com (RM), New York: Wdr/X-Filme/Kobal 137.2. |Stefan Keller - Fotografie, Würselen: 42.4, 46.1, 46.3, 46.4, 50.10, 60.1, 70.1, 70.2, 71.1, 71.2, 71.3, 72.1, 72.2, 72.3, 72.4, 74.2, 74.5, 75.1, 75.2, 75.3, 76.1, 76.2, 76.3, 76.4, 76.5, 77.1, 78.1, 78.2, 78.3, 78.4, 78.5, 78.6, 79.1, 79.2, 79.3, 79.4, 120.2, 153.1, 160.1, 185.1, 185.2, 185.3, 185.4, 207.1, 207.2, 207.3, 207.4, 207.5; Felix Janosa 74.3, 74.4. |Stephan Gawlik Fotodesign, Mannheim: 142.1, 142.2, 142.3, 143.1, 143.2, 143.3. |stock.adobe.com, Dublin: 2006, Mike Watson Images Limited Titel; Korn V. 86.2.

|Thommy Mardo Photography, Mannheim: Brothers Keepers 35.1. |ullstein bild, Berlin: Brill 8.2, 12.1; Keystone 164.1; TopFoto 120.3.

|Verlag Die Biblyothek, Leipzig: Nina Ruzicka 118.2.

|WIKIMEDIA Foundation, Inc., San Francisco: 203.2.

|zoom media, Cottbus: André Krämer 193.5, 200.4.

Register